拟上市公司股权激励实务问答

熊 川 周德芳 张豪东 著

中国商业出版社

图书在版编目（CIP）数据

拟上市公司股权激励实务问答 / 熊川，周德芳，张豪东著. -- 北京：中国商业出版社，2020.11
ISBN 978-7-5208-1317-4

Ⅰ. ①拟… Ⅱ. ①熊… ②周… ③张… Ⅲ. ①股权激励—问题解答 Ⅳ. ①F272.923-44

中国版本图书馆CIP数据核字(2020)第210311号

责任编辑：刘加莹　武维胜

中国商业出版社出版发行
010-63180647　　www.c-cbook.com
（100053　北京广安门内报国寺1号）
新华书店经销
福建省天一屏山印务有限公司印刷

★

880毫米×1280毫米　32开　4印张　100千字
2020年11月第1版　2020年11月第1次印刷
定价：32.00元

★★★★

（如有印装质量问题可更换）

作者简介

熊川，男，1982年12月生，湖北省武汉市人，硕士。现为北京市中伦律师事务所权益合伙人，主要从事证券、基金等资本市场法律业务，曾主导多家拟上市公司、上市公司股权激励项目，具有丰富的实践经验。

周德芳，男，1992年5月生，福建省莆田市人，硕士。现为北京市中伦律师事务所执业律师，主要从事证券、基金等资本市场法律业务，曾深度参与多家拟上市公司、上市公司股权激励法律服务工作，积累了丰富的项目经验。

张豪东，男，1993年12月生，四川省南充市人，硕士。现为北京市中伦律师事务所律师，主要从事证券、基金等资本 市场法律业务，曾参与多家拟上市公司、上市公司股权激励法律服务工作。

序 言

在发达国家资本市场实践中,股权激励制度早已盛行多年,因其可以降低现代企业的代理成本、将员工利益与股东利益绑定一致,因此备受股东和员工青睐,为现代企业的发展起到了积极的促进作用。20世纪90年代以来,伴随着国有企业的改革,股权激励制度逐渐在我国市场出现并兴起。近年来,随着《公司法》《合伙企业法》等法律法规的修订完善以及我国资本市场的逐渐成熟,股权激励在实践中得以广泛运用。在当前资本市场实践中,相当一部分拟上市公司均通过各种方式实行股权激励,让更多员工参与企业上市红利,意在实现企业员工的双赢。更值得关注的是,在近年国企混合所有制改革背景下,国企、央企也在纷纷试点探索股权激励新方式,股权激励制度也已成为国企混改的重要一环。当前,我国资本市场全面注册制改革正如火如荼地展开,而注册制下拟上市公司股权激励的方式、穿透核查标准以及上市后如何实施等事宜也引起了市场广泛的关注和探讨。近期多家股权激励尚未实施完毕的拟上市公司陆续成功上市,为实践提供了新的参考和指引,也再次点燃了拟上市公司股权激励的热情。我们中伦所的年轻合伙人熊川律师及其团队的同事们十余年来专注于资本市场领域,为多家企业提供了上市、并购、投融资等法律服务。在此过程中,他们深度参与了数十家企业的股权激励工作,对股权激励的方案设计、实操落地、实践中可能出现的风险等方面的问题有着深刻的认识,积累了丰富的实务经验。他们在繁忙的业务工作之余，不断归纳总结经验教训，积累成一篇篇极具操作性的文章并编撰成书，难能可贵。《拟上市公司股权激励实务问答》以问答的形式，从律师角度对实践中股权激励遇见的常见问题进行了解答回复和风险提示，囊括了拟上市公司、上市公司以及国企、央企等多个领域，条理清晰、通俗易懂、操作性强，体现了作者较为深厚的理论功底和丰富的实践经验，以期对有兴趣的读者提供参考和帮助。在我国资本市场探索发展的二十余年里，股权激励制度的发展日新月异，拟上市公司股权激励的实务疑惑纷至沓来，正逢此际，本书的出版具有较强的现实意义。在此，我诚邀各位读者一同品鉴这本精心准备的股权激励实务指南。是为序。

张学兵
2020年11月

前　言

现代企业越来越重视发掘员工的积极性和创造性，在此背景下，股权激励计划也随之应运而生。股权激励计划对改善企业治理结构、降低代理成本、提升管理效率、增强企业凝聚力和市场竞争力都起到了积极的作用，为此越来越多的拟上市公司选择在上市前实施股权激励计划。据统计，2019年度首发上市的138家公司中，超过半数的公司实施了股权激励计划。可以说，实施股权激励计划日益成为公司发展壮大过程中的新"刚需"。

所谓股权激励，即企业通过有条件地授予激励对象一定数量的股权或类股权权益，员工可通过股权激励计划分享企业发展的红利，使得激励对象的收益与企业的发展目标、业绩表现等因素密切绑定，促使员工与企业结成利益共同体。简单而言，通过股权激励，员工不仅仅是企业的"打工人"，更是企业的"主人"，企业发展得越好，员工也就获得越多。股权激励目前已经被证实是促进企业发展的一个行之有效的方法，有利于实现企业各个阶段的发展目标。在新的商业环境下，吸引和留住人才对企业的创新发展、转型升级至关重要，以激励为纽带的股权激励计划，有助于公司实现股东与人才的双赢格局，对于提高管理效率、提振员工凝聚力、增强企业核心竞争力具有重要意义。但股权激励到底如何操作，才能真正达到上述目标呢？

笔者的团队专注资本市场业务已经十余年之久，经办过数十家拟上市公司、上市公司股权激励项目。经过长期的实践，我们深刻地感受到，股权激励看起来很美，但如何能设计得好、实施得了、后期纠纷少，真正做起来却十分不易。股权激励是和公司战略发展目的深度绑定的，因此在操作过程中需要考虑来自于法律、财务、税务、人力、经营、战略等方方面面的问题，既包括共性问题，例如激励方式的选择、激励对象范围的划定、激励成本的考量等等；也包括企业业态息息相关的个性问题，例如结合公司长期目标、业务特点设计公司业绩考核指标、激励计划与上市计划的衔接等等。操作股权激励计划，不是简单地开个大会、签个协议，而是要综合考虑公司行业特点、业务发展状况、员工心理态度、激励成本、时间进度等诸多因素设计并实施贴合公司实际情况的整体性方案，因此，很多法律问题研究工作需要做在前面，方能形成完善可行的方案。基于众多股权激励项目的实操经验，笔者团队将大量来自真实案例中的法律问题进行了整理，在此基础上，以问答的形式对相关法律问题进行了梳理、汇集、总结、编撰，遂成《拟上市公司股权激励实务问答》（第一编）一书。本书汇总的实务问答共计五十个，均是笔者团队在业务实践中遇到的企业最为关心的、现实发生的法律问题，我们完全以实操落地为出发点，进行了详实的论证，并给出了可行的解决方案。本书在内容编排上共设三个部分：第一部分主要论述了股权激励方案设计中共性问题，即筹划股权激励计划方案应考虑的"八定"，包括定方式、定时间、定对象、定条件、定来源、定数量以及定价格和定规格；第二部分则是从实践中公司、激励对象最为关心的几个核心问题出发，对股权激励计划的审批、激励对象的退出、个人所得税的税务筹划以及股权激励计划与上市计划的衔接四个方面的实务问题进行研究论述；第三部分主要探讨非上市国有企业实施股权激励应注意的重点问题。本书结构清晰，内容全面，实践性强。以设问的方式将上市公司股权激励实践过程中涉及到的问题进行提纲挈领式的解答。让读者不仅能够对上市公司股权激励计划方案的筹划思路进行基础性了解，还能对股权激励计划实施过程中的问题进行深入洞悉，并且紧扣客户需求、实务经验，极具指导和借鉴意义。需要特别说明的是，本书并非笔者团队研究股权激励相关法律问题的终点，只是对过去几年工作中的一些问题和经验的总结，某种意义上来说甚至是对相关法律问题研究的起点。一方面，资本市场瞬息万变，规则政策也不断推陈出新，市场需求也在不停发展变化，股权激励业务领域本身就没有终点；另一方面，笔者在撰写本书过程中也深知还有很多法律问题暂未纳入本书之中，例如拟境外市企业股权激励的相关实务问题、股权激励涉及的诉讼纠纷相关法律问题等，对于拟上市公司股权激励这样一个庞大的命题，我们还有很多工作要做。学海无涯，笔耕不辍，与各位读者共勉。

笔者在撰写本书的过程中，得到了许多专家、同事、朋友的帮助和指导，在此表示诚挚的谢意。由于笔者水平有限，加之时间仓促，书中所涉及的内容难免有疏漏之处，希望各位读者多提宝贵意见，以便笔者进一步修改，使之更加完善。

王以璇、王振、叶云婷、沈丹薇、于志依共同参与了本书部分章节的编写。

熊 川
2020年11月

目　录

一、筹划股权激励计划方案应考虑的"八定" 001

（一）定方式 001

第一问：拟上市公司实施股权激励计划，是否可以选择直接向激励对象授予股权的方式 001

第二问：拟上市公司实施股权激励计划，是否可以搭建员工持股平台 003

第三问：拟上市公司实施股权激励计划，是否可以选择虚拟股权激励方式 005

第四问：拟上市公司实施股权激励计划，是否可以设置期权 008

第五问：拟上市公司可以选择的主要股权激励方式，有什么优劣势 009

（二）定时间 012

第六问：拟上市公司制订股权激励计划的实施时间表，应考虑哪些因素 . 012

第七问：拟上市公司实施股权激励计划，需要激励对象支付相关授予款的，如何设置最迟支付期限 014

第八问：拟上市公司在股权激励计划中设置期权的，应如何设置行权期限 016

（三）定对象 019

第九问：哪些人可以成为拟上市公司股权激励计划的激励对象 019

第十问：外部顾问是否可以成为拟上市公司股权激励计划的激励对象 020

第十一问：境外员工是否可以成为拟上市公司股权激励计划的激励对象 . 023

第十二问：独立董事是否可以成为拟上市公司股权激励计划的激励对象 . 025

第十三问：参与拟上市公司股权激励计划的激励对象是否有数量限制 027

（四）定条件 031

第十四问：设置激励股权的授予条件、行权条件，是否可以公司财务数据作为考核指标 031

第十五问：设置激励股权的授予条件、行权条件，是否可以公司业绩增长幅度作为考核指标 033

第十六问：设置激励股权的授予条件、行权条件，是否可以引入个人考核指标 036

（五）定来源 038

第十七问：拟上市公司实施股权激励计划，可以选择哪些激励股权来源 . 038

（六）定数量 040

第十八问：拟上市公司决定激励股权的授予数量，应考虑哪些因素 040

（七）定价格 043

第十九问：拟上市公司向激励对象授予激励股权时，授予价格是否可以参考公司估值进行定价 043

第二十问：拟上市公司向激励对象授予激励股权时，授予价格是否可以参考公司净资产进行定价 045

第二十一问：拟上市公司向激励对象授予激励股权时，授予价格是否可以按照注册资本金额进行定价 047

第二十二问：拟上市公司是否可以向激励对象无偿授予激励股权 049

第二十三问：激励对象认购激励股权的资金来源，应关注哪些问题.........050

（八）定规则..052

第二十四问：拟上市公司实施股权激励计划，应与激励对象提前约定哪些规则..052

第二十五问：拟上市公司如何构建完善的考核程序.............054

第二十六问：激励对象的继承人是否可以继承其持有的激励股权.........055

二、股权激励计划实施中的实务问题..........................058

（一）股权激励计划的审批..058

第二十七问：拟上市公司实施股权激励计划是否需要经过股东（大）会审批..058

（二）激励对象的退出..060

第二十八问：哪些情形下，应让激励对象退出股权激励计划.............060

第二十九问：拟上市公司可以采取哪些方式将激励对象请出股权激励计划..062

第三十问：拟上市公司可以采取哪些方式将激励对象请出合伙企业型员工持股平台...063

第三十一问：如何通过"当然退伙"将相关激励对象请出合伙企业型员工持股平台...066

第三十二问：如何通过"除名退伙"，将相关激励对象请出合伙企业制员工持股平台...069

第三十三问：如何通过"份额转让"，将相关激励对象请出合伙企业制员工持股平台...071

（三）个人所得税的税务筹划 073

第三十四问：直接持有激励股权的激励对象如何计征个人所得税 073

第三十五问：公司型员工持股平台的激励对象如何计征个人所得税 075

第三十六问：合伙企业型员工持股平台的激励对象如何计征个人所得税 .. 078

第三十七问：公司型员工持股平台与合伙企业型员工持股平台，激励对象承担的税负成本上有什么差异 081

第三十八问：激励对象适用递延纳税需要满足什么条件 083

（四）股权激励计划与上市计划的衔接 086

第三十九问：拟上市公司实施股权激励计划，产生"股份支付"的原因及对公司上市计划的影响 086

第四十问：激励对象取得激励股权的时间，是否会影响激励股权的锁定期期限 089

第四十一问：控股股东、实际控制人作为合伙型员工持股平台的普通合伙人，是否会影响激励股权的锁定期期限 091

第四十二问：员工持股平台的激励对象是否需要遵守锁定期的要求 093

第四十三问：在公司上市后，激励对象如何在证券市场减持其持有的激励股权实现变现 096

三、非上市国有企业实施股权激励应注意的重点问题 099

第四十四问：哪些非上市国有企业可以实施股权激励计划 099

第四十五问：国有科技型企业实施股权激励计划需要履行哪些审批程序 .. 101

第四十六问：混改试点企业实施员工持股计划需要履行哪些审批程序 104

第四十七问：非上市国有企业实施股权激励计划，对于激励对象有什么特殊性要求 106

第四十八问：非上市国有企业实施股权激励计划，对于激励股权价格有什么特殊性要求 108

第四十九问：非上市国有企业实施股权激励计划，对于激励股权授予数量有什么特殊性要求 110

第五十问：非上市国有企业实施股权激励计划，对于激励股权的锁定期有什么特殊性要求？ 112

一、筹划股权激励计划方案应考虑的"八定"

(一)定方式

第一问:拟上市公司实施股权激励计划,是否可以选择直接向激励对象授予股权的方式

拟上市公司直接向激励对象授予股权,激励对象可以直接持有公司的股权,直接行使股东权利,同时激励对象转让公司股权也较为便利,因此该种激励方式的激励效果较好。所以,拟上市公司选择直接授予股权方式实施股权激励计划,不存在法律障碍。

从规则层面看,经检索《中华人民共和国公司法》(以下简称公司法)《中华人民共和国证券法》(以下简称证券法)等相关法律规定,该等规定均未限制直接授予股权的激励方式。此外,《公司法》第一百四十二条明确规定,公司可以收购本公司股份用于员工持股计划或股权激励,从侧面说明拟上市公司可以采用直接向激励对象授予股权的方式实施股权激励计划。

从实践案例层面看,实践中亦不乏拟上市公司采用直接授予股权方式的股权激励案例。具体案例如下表:

公司名称/代码	披露时间	披露内容
艾可蓝/300816	2020/01/15	（七）说明发行人历史上及目前的股东是否存在代持或其他利益安排，历史上及目前的股权权属是否存在纠纷或潜在纠纷。经核查，发行人除现有15名股东外，历史上的股东包括周洪昌、金桥公司、朱志强和姜捷。朱志强原为发行人的核心团队成员，通过股权激励取得艾可蓝有限股权，其持有的艾可蓝有限股权不存在代持或其他利益安排，其去世后股权分别由其配偶和儿子承继。
斯达半导/603290	2020/02/03	戴志展与汤艺为公司的高级管理人员及核心技术人员，由于其中国台湾籍和美国籍自然人身份的原因，成为公司员工持股平台的合伙人，在实际操作层面存在障碍，为达到员工股权激励效果，戴志展与汤艺以直接持股方式取得公司股份。
强力新材/300429	2015/03/11	2011年9月，为了提高公司业务骨干团队的凝聚力和工作积极性，公司实际控制人管军决定将股权转让予莫宏斌等11名公司员工，转让价格为每份出资额10元。
安硕信息/300380	2014/01/16	2011年1月14日，发行人前身安硕有限实施股权激励，安硕有限及安硕发展、高鸣、高勇等安硕有限股东与谢俊元等36位自然人签订了《增资协议》，约定36位自然人向安硕有限增资。

综上可以认为，拟上市公司实施股权激励计划，可以选择直接授予股权的激励方式。虽然拟上市公司采用直接授予股权的激励方式，激励效果较好，但是公司采用该激励方式应该审慎。这是因为

若激励对象直接持有公司股权,公司对激励对象的约束更多的是通过契约实现,控制力相对较弱,尤其是在公司上市时为实现"同股同权"要求,可能会将激励对象的约束性规则予以终止,届时公司对激励对象的约束力将进一步削弱。因此,直接授予股权的激励方式,适用的激励对象范围可能更偏向于对公司举足轻重的小范围人员,如联合创始人、业务合伙人、核心高管等。

第二问:拟上市公司实施股权激励计划,是否可以搭建员工持股平台

搭建员工持股平台的激励方式,即由激励对象作为出资人设立员工持股平台,并使员工持股平台在公司层面持股,激励对象通过员工持股平台间接持有公司股权,其中员工持股平台的形式可以是有限合伙型和公司型。拟上市公司选择搭建员工持股平台方式实施股权激励计划,不存在法律障碍。

从规则层面看,经检索公司法、证券法等相关法律规定,该等规定均未限制搭建员工持股平台的激励方式。此外,《上海证券交易所科创板股票发行上市审核问答》明确规定:"发行人实施员工持股计划,可以通过公司、合伙企业、资产管理计划等持股平台间接持股,并建立健全持股在平台内部的流转、退出机制,以及股权管理机制。"因此,规则层面上并不排斥拟上市公司采用搭建员工持股平台的激励方式,具体需要进一步检索相关实践案例进行判断。

从实践案例层面看,实践中亦不乏拟上市公司采用搭建员工持股平台方式的股权激励案例。具体案例如下表:

公司	披露时间	披露内容
瑞松科技/ 688090	2020/02/14	五、本次公开发行申报前的员工持股计划 公司股东瑞方投资为发行人的员工持股平台，本次发行前，瑞方投资持有公司3.6080%的股份，锁定期为12个月，合伙人均为公司员工。
赛特新材/ 688398	2020/02/05	八、发行人本次公开发行申报前已经制定或实施的股权激励及相关安排 截至本招股说明书签署日，公司设立的员工持股平台为红斗篷投资。
建业股份/ 603948	2020/02/11	建业投资系员工持股平台，因退休、离职等原因，部分股东已不在建业股份及其子公司任职。截至本招股意向书签署之日，建业投资持有公司2,740,072股股份，占本次发行前总股本的2.28%。 建业投资系员工持股平台，除吴军已离职外，剩余合伙人均为公司在职员工。截至本招股意向书签署之日，建屹投资持有公司900,000股股份，占本次发行前总股本的0.75%。
雪龙集团/ 603949	2020/02/05	联展投资系发行人的员工持股平台，2016年8月，为保持公司管理层及核心员工人员结构稳定，同时更好地对优秀员工实施激励，从整体上提高公司运营效率，维尔赛控股将其所持有的雪龙股份5.00%的股权转让给联展投资，并以联展投资作为对公司管理层及核心员工进行股权激励的平台。2016年10月，公司实施股权激励，贺财霖将其持有的联展投资6,529,135元出资额（对应发行人4,088,366股股份）转让给公司管理层及核心员工，公司管理层及核心员工对发行人的入股价格为2.94元/股。

综上可以认为，拟上市公司实施股权激励计划，可以选择搭建员工持股平台的激励方式。事实上，搭建员工持股平台，是拟上市公司实施股权激励计划最常见的激励方式。根据荣大研究院的一项数据表明[①]，2019年上半年首发上市的55家公司中，超过半数公司设立了员工持股平台。一般认为，相比于拟上市公司直接向激励对象授予股权，公司搭建员工持股平台的激励方式，是在激励效果和约束效果之间的折中之举，既能在一定程度上保证激励效果，也能对激励对象权利义务有所约束。

第三问：拟上市公司实施股权激励计划，是否可以选择虚拟股权激励方式

虚拟股权激励，指公司授予激励对象一种虚拟的股票，激励对象可以据此享受一定数量的分红权和股价升值收益，但没有所有权，没有表决权，不能转让和出售，在离开企业时自动失效。

虚拟股权激励的方式有三种：第一种是奖励基金模式，即企业针对虚拟股计提一部分利润作为奖励基金，再按照激励对象拥有的虚拟股数量进行分配。第二种是股权增值收益，可以将虚拟

[①] 荣大研究院：《员工持股平台的锁定期与减持分析》（详见网址：https://mp.weixin.qq.com/s?__biz=MzU1Mjk2NzczMA==&mid=2247483972&idx=1&sn=e9b0f643475cb05fdd87a5b7375e1e23&chksm=fbfb4919cc8cc00f12147e2fdeac3dfcdbdff1f80a795df65f7c06216b317fe5b561af32460e&mpshare=1&scene=1&srcid=0922MZxBW9IeN336ioSKX4Kb&sharer_sharetime=1569145331192&sharer_shareid=90a6233c18b64243af5d5ec67439a052&key=f5935be8e3f9b86aeaf9a0b1ab31f46c17cb6880608cc97fe914fa9687583644614a7fa998beb27369b36f963d786346ab41c28a17728e6b743b69438ff31bb5d06b124943aa74bd508f58cd179fadeb&ascene=1&uin=MTk0ODE4MzAwMA%3D%3D&devicetype=Windows+10&version=62060833&lang=zh_CN&pass_ticket=fBv8Mk1VXZFywnb%2Bdhrsqa5uXNwC84Z6XoreqGXgTlCRD1bCQ%2FUhgs7r9MgnowW6）

股的价格与企业某个财务指标进行关联（通常是每股净资产），员工的虚拟股价值伴随企业成长而增值，退出时企业通过现金方式结算。第三种是虚拟股分红，即每年企业针对股东分红时激励对象持有的虚拟股也参与分红。拟上市公司选择虚拟股权激励方式实施股权激励计划，具有一定的可行性，但并不建议拟上市公司选择该种激励方式。

从规则层面看，经检索公司法、证券法等相关法律规定，该等规定均未限制虚拟股权的激励方式，因此公司选择虚拟股权方式进行股权激励有一定可行性。此外，应注意到，《首次公开发行股票并上市管理办法》《首次公开发行股票并在创业板上市管理办法》与《科创板首次公开发行股票注册管理办法》均要求"发行人的股权清晰，控股股东和受控股股东、实际控制人支配的股东所持发行人的股份不存在重大权属纠纷"。根据以上办法规定，拟上市公司实施虚拟股权激励计划，可能不利于公司股权清晰的论证，从而对公司上市计划造成影响。

从实践案例层面看，实践中存在上市公司在上市前实施虚拟股权激励计划的案例，但相关上市公司无一例外地在上市前终止了虚拟股权激励计划。具体案例如下表：

一、筹划股权激励计划方案应考虑的"八定"

公司	披露时间	披露内容
金域医学/603882	2017/08/21	请说明：（1）VIE架构存续期间限制性虚拟股权激励计划实施的背景、受激励对象选择的标准、发行的人数、是否行权？发行的过程及资金来源是否合法合规？受激励对象是否已按规定办理相关的外汇登记手续？回购情形约定情况？（2）VIE架构拆除时相关股权激励计划终止情况、补偿方案的实施情况、决策程序，金域检测层面是否存在有妥善的入股安排？回购款项支付是否符合外汇相关规定？目前股权激励计划终止是否存在争议或潜在纠纷？是否仍存在涉及金域检测股权结构调整的协议安排？ 发行人在VIE架构下，由开曼公司向发行人员工授予虚拟股票收益权属于其拟在境外上市前提下的安排，主要目的在于激励公司骨干员工。在境外上市计划终止、发行人决定在境内上市之后，依据员工的资历、贡献等因素，重新设置境内的员工持股计划，对于未能进入境内员工持股计划的员工持有的开曼公司虚拟股票收益权以高溢价进行回购终止。回购价款均通过境内银行汇入员工个人账户。开曼公司虚拟股票收益权已全部终止，不存在争议或潜在纠纷。
以岭药业/002603	2011/07/08	以岭医药集团及以岭药业曾先后在员工内部实施带有股权激励性质的虚拟持股制度，截至2010年8月共计有95人持有虚拟股权。为落实此股权激励安排，以岭医药集团同意向包括此95人在内的股权激励对象转让其所持有的以岭药业部分股权，转让完成后虚拟持股制度终止。

根据上述案例，拟上市公司实施虚拟股权激励计划的，可能不利于其股权结构清晰的论证。因此，拟上市公司会在上市前采取将虚拟股权回购注销、将虚拟股权转化为实体股权等方式，将虚拟股权激励计划予以注销。

综上可以认为，拟上市公司不适宜采用虚拟股权激励方式实施股权激励计划，并非因为虚拟股权激励方式本身不可行，而是实施虚拟股权激励计划可能对公司上市计划造成影响。

第四问：拟上市公司实施股权激励计划，是否可以设置期权

期权属于一种预期权利的授予，并非股权或者虚拟股权本身，是公司向激励对象授予在未来某个时间以一定的价格认购公司股权或者虚拟股权的权利，激励对象在通过考核后，可在约定的行权期行权，认购并获得股权或者虚拟股权。拟上市公司在股权激励计划中设置期权，不存在法律障碍，但需要注意行权期限与IPO申报时间的衔接。为了便于论证，以下主要以直接授予股权方式中设置期权进行举例。从规则层面看，经检索公司法、证券法等相关法律规定，该等规定均未限制股权期权的激励方式，因此公司选择股权期权方式进行股权激励有一定可行性，具体情况需要进一步检索相关实践案例进行判断。

从实践案例层面看，实践中亦存在上市前制订、上市后实施的股权期权激励计划的案例，截止到2019年12月31日，共有6家已申报的拟上市公司存在尚未实施的股权期权激励计划，分别为上海硅产业集团股份有限公司、上海君实生物医药科技股份有限公司、芯原微电子（上海）股份有限公司、北京天智航医疗科技股份有限公司、九号机器人有限公司以及中微公司（688012.SH）。应注意到，上述案例均出自科创板拟上市公司，但并不意味拟上市公司计划在主板、中小板、创业板等板块上市的，不能实施股权期权激励计划。拟上市公司在股权激励计划中设置期权并不存在法律障碍，但是主板、中小板、创业板与科创板审核规则对于期权期限的要求有所区别。

科创板方面，根据《上海证券交易所科创板股票发行上市审核问答》第12条规定，拟申请在科创板上市的公司可以在上市前制订、上市后实施期权激励计划，因此科创板拟上市公司设置股权期权激励计划的，其行权期限可以晚于IPO申报之日。

主板、中小板、创业板方面，根据现行《首次公开发行股票并上市管理办法》《首次公开发行股票并在创业板上市管理办法》等规定，拟上市公司应当股权清晰，若拟上市公司在IPO申报时存在未行权完毕的股权期权，则不利于公司股权清晰的论证。因此，该三个板块的拟上市公司设置股权期权激励计划的，其行权期限应当早于IPO申报之日。

有关设置行权期限相关问题，具体详见"第八问"所述。

第五问：拟上市公司可以选择的主要股权激励方式，有什么优劣势

答：从激励股权性质层面划分，前述主要股权激励方式可以分为实股激励方式和虚拟股权激励方式。实股激励方式又可以分为直接激励方式和间接激励方式。直接激励方式，即为直接向激励对象授予激励股权；间接激励方式，即为搭建员工持股平台。搭建员工持股平台又可以进一步区分为有限合伙型员工持股平台、公司型员工持股平台。具体划分情况如下表所示：

激励股权性质划分	持股模式划分	员工持股平台形式划分
虚拟股权激励方式	/	/
实股激励方式	直接激励方式	/
	间接激励方式	有限合伙型员工持股平台
		公司型员工持股平台

实股激励方式与虚拟股权激励方式的优劣势比较，如下表所示：

比较	实股激励方式	虚拟股权激励方式
优势	激励对象可以直接或间接取得公司股权，获得感较强，激励效果较好。可以将公司上市作为实股的退出渠道；可以减轻公司或相关股东的资金压力。	签订契约即可设立虚拟股权激励计划，其制订、实施均较为灵活。激励对象没有取得公司股权，不会改变公司股权结构。
劣势	实股激励计划的制订和实施不仅需要签订契约，还会涉及工商登记等程序，相比于虚拟股权激励方式更为复杂。激励对象可以通过股权激励计划取得公司股权，可能会减少或稀释原股东的持股比例。	虚拟股权不是真实的股权，激励对象获得感不强，激励效果相对不足。无法以公司上市作为虚拟股权的退出渠道，公司或相关股东可能因此承担较大的资金压力。公司实施虚拟股权激励计划，不利于其股权清晰的论证。

一、筹划股权激励计划方案应考虑的"八定"

直接激励和间接激励的优劣势比较，如下表所示：

比较	直接激励方式	间接激励方式
优势	采用直接激励方式无须设立员工持股平台，在实施上相对简单。 直接激励方式可以使激励对象直接取得公司股权，与公司的利益关系更为紧密，其激励效果较好。 激励对象直接持有的股权在未来变现时税负更有利。	激励对象通过员工持股平台集中持有公司股权，有利于减少股东数量，便于减少运作成本和提高管理效率； 激励对象及其数量的增加或减少，均在员工持股平台层面上调整，不会影响公司的股权结构，有利于公司保持股权结构稳定。 公司可以通过员工持股平台相关规定，对激励对象进行约束，且管理上较为灵活。
劣势	公司对激励对象的约束主要通过契约实现，其控制力相对有限，且管理上也不灵活。 直接激励方式使得公司股东数量增多，不利于公司减少运作成本、提高管理效率。 激励对象及其持股数量的增加或减少，均会造成公司股权结构的变动，不利于公司保持股权结构稳定。	采用间接激励方式，需要设立员工持股平台，在实施上相对复杂。 与直接激励方式相比，间接激励方式的激励效果略显不足。

公司型员工持股平台与有限合伙型员工持股平台的优劣势比较，如下表所示：

比较	公司型员工持股平台	有限合伙型员工持股平台
优势	部分国家或地区内不能设立有限合伙企业，公司型员工持股平台国际通用。	有限合伙企业由GP负责执行合伙事务，其组织结构相对简单，有利于公司对员工持股平台的管理。 合伙企业法规定当然退伙、强制退伙相关情形，激励对象的退出有更多渠道。

（续表）

比较	公司型员工持股平台	有限合伙型员工持股平台
劣势	公司型员工持股平台的组织架构相对复杂，不利于公司对员工持股平台的管理。公司法没有当然退伙、强制退伙相关规定，激励对象的退出更为复杂。公司型员工持股平台中的激励对象在未来变现时可能会面临"双重征税"。	部分国家或地区内不能设立有限合伙企业。

各种激励方式的税务成本情况，具体详见本书"二、股权激励计划实施中的实务问题"之"（三）个人所得税的税务筹划"所述。

（二）定时间

第六问：拟上市公司制订股权激励计划的实施时间表，应考虑哪些因素

通常来说，股权激励计划是完善公司考核体系、薪酬体系的长效机制。拟上市公司在决策股权激励计划时，需要充分考虑整体时间表，尤其是公司具有上市计划的，做决策时更应当有长远打算。从公司上市视角出发，以有限责任公司阶段实施股权激励计划举例，公司在决策相关时间表时，应当充分考虑产生股份支付费用的时间、公司股改时间、公司IPO申报时间等重要因素。

激励对象取得激励股权的时间。若激励对象取得激励股权的时间与公司IPO申报时间较近，可能会被认定为"突击入股"，导致相关激励对象持有的激励股权锁定期延长。一般而言，激励对象没有与控股股东、实际控制人构成一致行动关系的,其持有的激励股权在上市之后锁定12个月;若激励对象取得激励股权被认定为"突击入股"的,其持有的激励股权在上市之后锁定36个月。关于突击入股涉及的锁定期情形如下表所示:

取得激励股权时间	取得方式	转让方性质	锁定期
IPO申报前6个月内	转让老股	从控股股东、实际控制人之处受让	上市之后锁定36个月
		从其他股东之处受让	上市之后锁定12个月
	增资新股	/	完成增资扩股工商登记手续之日起锁定36个月
IPO申报前6个月外	转让老股	不再区分	上市之后锁定12个月
	增资新股	/	上市之后锁定12个月

关于突击入股涉及的锁定期问题,具体详见本书"第四十问"所述。

产生股份支付费用的时间。该因素将直接影响激励股份的授予或行权时间的确定。如本书"第三十九问"所述,若激励对象取得激励股权的授予价格或行权价格低于公允价值的,根据《企业会计准则第11号—股份支付》(财会〔2006〕3号)规定,可能产生一定数量的股份支付费用,可能直接影响公司利润。因此,公司筹划相关股权激励计划时,应当预先估计股份支付产生的时间,换言之,公司应当妥善筹划激励股权的授予或行权时间,避免公司利润因股份支付费用的计入产生大幅度削减情形,从而影响公司的上市计划。通常而言,公司在规划相关时间表时,往往会促使股份支付的产生时间与公司利润大幅度增长的年度相重合,以避免实施股权激励计划对公司利润增长的负面效应。

公司股改时间。该因素将直接影响激励股份的授予或行权时间的确定。公司改制为股份有限公司的，主要采用净资产折股的方式，因此，在公司股改之前，公司的注册资本应当实缴出资到位。基于此，若激励对象获授激励股权或对股权期权进行行权时，涉及向公司进行实缴出资的，其实缴出资时间应当早于公司股改的时间。换言之，激励股权的授予时间或行权时间应当早于股改时间。

公司IPO申报时间。该因素可能会影响股权激励计划实施期限的确定。如"第八问"所述，根据现行相关上市规则，主板、中小板、创业板、科创板IPO审核中，对于拟上市公司实施股权激励计划的期限存在不同要求。

在主板、中小板、创业板IPO审核中，暂不支持拟上市公司在上市前制订股权激励计划，并延续到上市后继续实施的情形，因此公司拟在该三个板块上市的，其股权激励计划的实施期限应当早于公司IPO申报之日。在科创板IPO审核中，拟上市公司可以在上市前制订、上市后实施期权激励计划，公司拟在科创板上市的，可以在上市前制订股权期权激励计划，且相关实施期限、行权期限可以晚于公司IPO申报之日。

第七问：拟上市公司实施股权激励计划，需要激励对象支付相关授予款的，如何设置最迟支付期限

通常而言，拟上市公司实施股权激励计划，需要激励对象支付相关授予款，主要有两种情形：其一是以增资新股方式向激励对象授予激励股权的；其二是以转让老股向激励对象授予激励股权的。

以增资新股方式授予激励股权的，若拟上市公司为股份有限公司，则相关授予款（增资款）最迟支付期限应不晚于IPO申报之时；若拟上市公司为有限责任公司，则相关授予款（增资款）最迟支付期限应不晚于公司股改之时。以转让老股方式授予激励股权的，则相关授予款（股权转让款）最迟支付期限应不晚于IPO申报之时。不同情形下，授予款支付期限如下表所示：

授予方式	公司类型	支付期限
增资新股	有限责任公司	不晚于公司股改之时
	股份有限公司	不晚于IPO申报之时
转让老股	有限责任公司、股份有限公司	不晚于IPO申报之时

如上表所示，根据不同情形，授予款支付期限主要有两个时间节点，即公司股改之前和IPO申报之前。

有限责任公司以增资新股方式向激励对象授予激励股权时，之所以要求激励对象在公司股改之前支付完毕授予款（增资款），其原因主要为保障公司股改事项的顺利实施。通常而言，为了保障有限公司存续时间的持续性，有限责任公司改制为股份有限公司，主要采用净资产折股的方式，若激励对象不能及时支付完毕授予款（增资款），该等款项没有计入公司实收资本，导致部分股东已经实缴出资、部分股份没有全部实缴出资的情况，致使每元注册资本对应的净资产金额不能真实反映股东持有权益情况，直接影响公司股改事项的实施。

股份有限公司以增资新股方式向激励对象授予激励股权时，之所以要求激励对象在公司IPO申报之前支付完毕授予款（增资款），其原因主要为便于公司资产完整性的论证。根据《首次公开发行股票并上市管理办法》第十条、《首次公开发行股票并在创业板上市管理办法》第十二条规定，发行人应当符合资产完整性要求，其注册资本应当足额缴纳。科创板首次公开发行股票注册管理办法虽然没有明确规定发行人注册资本应当足额缴纳，但仍要求发行人应当符合资产完整性要求。因此，若激励对象不能及时支付完毕授予款（增资款），可能不利于公司资产完整性论证。

公司以转让老股方式向激励对象授予激励股权时，之所以要求激励对象在公司IPO申报之前支付完毕授予款（股权转让款），其原因主要为便于公司股权清晰的论证。根据《首次公开发行股票并上市管理办法》第十三条、《首次公开发行股票并在创业板上市管理办法》第十五条、《科创板首次公开发行股票注册管理办法》第十三条规定，发行人应符合股权权属清晰的要求。若激励对象不能及时支付完毕授予款（增资款），则激励对象与转让方之间是否存在纠纷或潜在纠纷难以判断，不利于公司股权权属清晰的论证。

第八问：拟上市公司在股权激励计划中设置期权的，应如何设置行权期限

拟上市公司在股权激励计划中设置期权的，其行权期限往往与公司IPO计划息息相关。根据现行IPO审核规则，若公司计划在主板、中小板、创业板上市的，相关行权期限应不晚于公司IPO申报之时；若公司计划在科创板上市的，相关行权期限可以适当放宽，不局限于公司IPO申报之前。

本问不再对拟上市公司在股权激励计划中设置期权的可行性进行赘述，有关可行性问题具体详见"第四问"所述。以下主要对不同板块对行权期限的不同审核要求进行分析。

1. 主板、中小板、创业板审核要求

从规则层面看，根据《首次公开发行股票并上市管理办法》第

十三条、《首次公开发行股票并在创业板上市管理办法》第十五条规定,公司股权清晰是发行条件之一。在2016年保代培训资料等文件中亦要求,股权激励等影响股权稳定性的协议安排,原则上应当予以解除。根据该等规定,并结合项目经验,若公司在IPO申报时存在未实施完毕的股权期权计划情形,激励对象最终是否符合行权条件、是否选择行权以及是否成功行权具有不确定性。因此,公司的股权结构处于一种可能发生变动的不稳定状态,不利于其股权结构清晰的论证。

从实践案例层面上看,经公开信息披露渠道检索,未发现拟申报主板、中小板、创业板的拟上市公司存在上市前制订、上市后实施的股权期权计划案例。

根据上述规定及案例,申报主板、中小板、创业板的拟上市公司实施股权期权激励计划的,其行权期限不应晚于IPO申报时。若行权期限较长的,在实践操作中,拟申报主板、中小板及创业板的公司,往往会在IPO申报前对未行权的股权期权采取加速行权或终止行权等措施。

2. 科创板审核要求

从规则层面看,根据《上海证券交易所科创板股票发行上市审核规则》(上证发〔2019〕18号)第二十六条规定:"发行人存在实施员工持股计划、期权激励、整体变更前累计未弥补亏损等事项的处理,由本所另行规定。"此外,《上海证券交易所科创板股票发行上市审核问答》第12问"发行人存在首发申报前制订的期权激励计划,并准备在上市后实施的,信息披露有哪些要求?中介机构应当如何进行核查"的回复中,对拟在科创板上市的公司员工持股计划及上市前制订、上市后实施的期权激励计划的实施条件、信息披露规则、中介机构核查要求等作出明确规定。因此，拟申请在科创板上市的公司可以在上市前制订、上市后实施期权激励计划。

从实践案例层面看，根据检索的案例情况，实践中亦存在申报科创板的拟上市公司上市前制订、上市后实施的股权期权激励计划案例。

公司名称	披露时间	披露内容
上海硅产业集团股份有限公司	2019/11/27	2019年4月21日，公司2019年第二次临时股东大会决议通过《上海硅产业集团股份有限公司股票期权激励计划（草案）》。根据该计划，公司与高级管理人员、核心技术人员、骨干人员等签署了《股票期权授予协议》。股票期权授予满24个月后分三批行权。
上海君实生物医药科技股份有限公司	2019/09/26	2018年实施股权激励计划，合计向268名激励对象授予6,023,000份股票期权，行权价格为每股9.2元，授予日为2018年3月12日，有效期为自授权日起3年，第一个可行权日为自授权日起12个自然月后的第一个交易日。
北京天智航医疗科技股份有限公司	2019/08/07	2019年4月20日，公司召开2018年年度股东大会，审议通过《关于公司发行股票期权激励计划的议案》，行权期间为2019年、2020年、2021年和2022年。

根据上述规定及案例，申报科创板的拟上市公司实施股权期权激励计划的，在满足一定条件前提下，其行权期限可以适当放宽，不局限于IPO申报之前。

(三)定对象

第九问：哪些人可以成为拟上市公司股权激励计划的激励对象

通常而言，拟上市公司股权激励计划的激励对象可以是公司的董事、监事、高级管理人员、核心技术人员、核心业务人员或在职员工等人员，公司也可以根据其实际情况对一些特殊对象进行奖励，如外籍员工、外部顾问等。

从规则层面看，现行公司法、证券法及相关上市规则未对拟上市公司股权激励计划的激励对象范围作出明确规定，明确拟上市公司股权激励计划的激励对象范围，需要根据实践案例情况进行判断。

从实践案例层面看，根据检索的案例情况，拟上市公司股权激励计划的激励对象范围主要包括公司董事、监事、高级管理人员、核心技术人员、核心业务人员或其他在职员工。

公司名称/代码	公告时间	主要内容
瑞松科技/688090	2020/02/11	2015年11月26日，瑞松有限通过股东会决议，同意瑞方投资向瑞松有限增资1,736.00万元，持有瑞松有限4.34%股权，其中增加注册资本170.13万元，其余1,565.87万元作为资本公积。公司股东瑞方投资为发行人的员工持股平台。参与瑞方投资员工持股平台的人员需满足以下条件之一： （1）自该计划实施之日起，与公司或控股子公司签署了剩余有效期不少于2年的劳动合同且属于公司骨干员工，不含现有股东； （2）拟入职公司或控股子公司的准骨干员工。
嘉必优/699089	2019/12/16	嘉宜和为公司设立的员工持股平台，股权激励对象为公司现有管理团队及部分核心员工。

（续表）

公司名称	公告时间	主要内容
和远气体/ 002971	2019/12/02	公司历史股权激励情况如下： （1）2011年9月，对李欣弈（发行人常务副总经理、董事、财务总监）实施股权激励； （2）2011年9月，对李吉鹏（发行人董事、董事会秘书）实施股权激励； （3）2011年9月，通过长阳鸿翔对发行人的高管及核心员工实施股权激励； （4）2011年12月，通过长阳鸿朗对发行人的核心员工实施股权激励； （5）2017年1月，对李吉鹏（发行人董事、董事会秘书）实施股权激励。
中新赛克/ 002912	2017/11/07	2014年11月，公司实施股权激励计划，公司管理团队通过南京众昀、南京创沣两家合伙企业，按每1元注册资本25.0082元的价格，出资1,316.22万元取得公司52.63万元股权。公司董事、监事、高级管理人员参与本次股权激励计划。

需要特别说明的是，前述案例中所示的激励对象范围，并不意味着仅有公司董事、高级管理人员、核心技术人员或在职员工可以成为激励对象，公司也可以根据实际情况对一些特殊的对象进行激励，如外部顾问、境外员工等。有关外部顾问、境外员工成为拟上市公司股权激励计划激励对象的可行性论证，具体详见本书"第十问"与"第十一问"所述。

第十问：外部顾问是否可以成为拟上市公司股权激励计划的激励对象

公司外部顾问可以成为拟上市公司股权激励计划的激励对象，

但通常不建议作为激励对象的主体,且应该控制外部股份的持股数量。具体论证如下:

从规则层面看,经检索现行公司法、证券法及相关上市规则,未发现有关法律规定明确禁止或限制外部顾问成为拟上市公司股权激励计划的激励对象。外部顾问成为拟上市公司股权激励计划的激励对象暂不存在法律障碍,但需要进一步检索相关实践案例进行判断。

从实践案例层面看,根据检索的案例情况发现,部分拟上市公司实施股权激励计划时,存在将外部顾问纳入激励对象范围情形。具体案例情况如下表:

公司名称	公告时间	主要内容	外部顾问获授股权情况
彩讯股份/300634	2018/03/06	历次股票期权授予的对象,大部分为公司员工,并有12名外部顾问,项目组取得了外部顾问的身份信息和简历,审阅了咨询顾问协议和期权授予协议,确认该股份取得及出资合法合规。	激励方式为股票期权,其中外部顾问最终合计持有发行人1.5398%的股权。
豪能股份/603809	2017/10/25	2014年10月15日,股东杜庭强与肖秀山签订《股权转让协议》,将其持有的12万股公司股份转让给肖秀山。本次股权转让的原因:肖秀山作为公司外部顾问,在热处理加工方面对公司帮助较大,双方协议转让。本次股权转让的价格为5元/股,协商确定。	肖秀山为外部顾问,截至2014年底,肖秀山持有发行人0.1500%的股权。

（续表）

公司名称	公告时间	主要内容	外部顾问获授股权情况
安车检测/300572	2016/11/21	车佳投资系发行人员工持股平台公司，除持有发行人18.75%股份外未开展实际经营业务，截至本招股说明书签署之日，其股权结构中，公司外部顾问周旭晖出资比例0.4445%。	外部顾问周旭辉通过员工持股平台，间接持有发行人0.0833%的股权。
中科曙光/603019	2014/10/16	根据发行人的书面说明和本所律师核查，在前述员工授股期间，天津曙光有限曾向7名外部顾问授予共计190万股股份权益，价格为2元/股股份权益，每股股份权益对应天津曙光有限1元注册资本；为规范天津曙光有限员工授股行为，2010年3月，天津曙光有限7名顾问按照其获授时的价格退回190万股股份权益。	发行人共向外部顾问授予190万股股份权益，截至2010年初，占发行人总股本的2.1767%。2010年3月外部顾问按照其获授时的价格退回190万股股份权益。

根据上述规定及案例，外部顾问可以成为拟上市公司股权激励计划的激励对象。此外，应注意到，拟上市公司吸纳外部顾问成为激励对象，应当注意控制外部顾问的持股数量，一方面，外部顾问不适宜成为激励对象的主体，如彩讯股份（300634）、安车检测（300572）等案例中，外部顾问持股数量仅占总激励股权的少部分；另一方面，外部顾问单体持股数量也不适宜过多。根据上述案

例显示，外部顾问最高持股比例在2%，通常情况下，外部顾问持股比例一般不超过1%。

需要特别说明的是，本问主要涉及非国有企业的拟上市公司情形，国有拟上市公司激励股权计划中的激励对象问题，具体详见"第四十七问"所述。

第十一问：境外员工是否可以成为拟上市公司股权激励计划的激励对象

境外员工可以成为拟上市公司股权激励计划的激励对象。

从规则层面，经检索现行公司法、证券法及相关上市规则，未发现有关法律规定明确禁止或限制境外员工成为拟上市公司股权激励计划的激励对象。作为参考的是，《上市公司股权激励管理办法》（2018年修订）及《上海市证券交易所科创板股票上市规则》明确规定外籍员工在境内任职上市公司董事、高级管理人员、核心技术人员或者核心业务人员的，可以成为激励对象。一般理解，上市公司股权激励计划的激励对象较之拟上市公司应当更为严格，就"举重以明轻"而论，境外员工成为拟上市公司股权激励计划的激励对象暂不存在法律障碍，具体情况需要进一步检索相关实践案例进行判断。

从实践案例层面，根据检索的案例情况发现，部分拟上市公司实施股权激励计划时，存在将境外员工纳入激励对象范围的情形。具体案例情况如下表：

公司名称	公告时间	主要内容
鸿合科技/002955	2019/05/09	天津鸿运、天津鸿祥为发行人境内员工持股平台，鸿达成的股东鸿福成（境外企业）为发行人境外员工持股平台。其中，鸿达成的股东包括境外子公司的员工。
鹏鼎控股/002938	2018/08/28	德乐投资系发行人境外员工持股平台，HeartyLP持有其100%股份。HeartyLP成立于2016年12月19日，注册于英属开曼群岛的合伙企业（注册登记号为IC-88321）。截至本招股意向书签署之日，HeartyLP共有40名合伙人。悦沣公司系发行人境外员工持股平台，EasternGraceLP持有其100%股份。EasternGraceLP成立于2016年12月19日，注册于英属开曼群岛的合伙企业（注册登记号为IC-88329）。截至本招股意向书签署之日，EasternGraceLP共有7名合伙人。
麒麟合盛网络技术股份有限公司（创业板在审）	2018/06/08	公司为实施员工股权激励，2016年12月先后设立了崇胜投资、承宇投资、昱欣投资和久协投资作为境内员工持股平台；2017年2月设立了盛合天燕（境外企业），作为境外员工持股平台。后上述员工持股平台通过受让股权的方式，持有麒麟有限股权。
清源股份/603628	2016/12/28	清源国际有限公司（境外公司）系发行人的境外员工持股平台。其中清源国际股东Simon Wall系公司聘请的境外外部顾问，通过清源国际间接持有清源股份1.6472%的股权。

根据上述规定及案例，境外员工可以成为拟上市公司股权激励计划的激励对象。此外，上述案例中显示的外籍员工或外籍外部顾

问,主要是通过员工持股平台参与拟上市公司的股权激励计划,考虑到过去外籍员工在国内开立证券账户较为困难而采取的针对性方案,并不意味外籍员工不能直接获授激励股权。随着证券市场向外资的进一步开放,外籍员工直接获授激励股权已不存在障碍。

第十二问:独立董事是否可以成为拟上市公司股权激励计划的激励对象

独立董事不能成为拟上市公司股权激励计划的激励对象。

从规则层面,虽然现行公司法、证券法及相关上市规则等相关规定,未明确禁止或限制独立董事成为拟上市公司股权激励计划的激励对象,然而从独立董事任职资格角度看,根据《关于在上市公司建立独立董事制度的指导意见》(证监发〔2001〕102号)规定,独立董事应具有独立性,直接或间接持有上市公司已发行股份1%以上或者上市公司前十名股东中的自然人股东及其直系亲属不适宜担任独立董事。因此,独立董事在拟上市公司直接或间接持股,可能不利于独立董事的独立性论证。同时,作为参考,《上市公司股权激励管理办法》(2018年修订)及《上海市证券交易所科创板股票上市规则》均明确规定独立董事不得成为上市公司股权激励计划的激励对象。根据上述规定,独立董事可能不适宜成为拟上市公司股权激励计划的激励对象,具体情况需要进一步检索相关实践案例进行判断。

从实践案例层面,根据检索的案例情况,暂未发现独立董事参与拟上市公司股权激励计划的案例,同时发现有关拟上市公司实施股权激励计划,存在明确规定独立董事不得成为股权激励计划激励对象的情形。具体案例情况如下表:

公司名称	公告时间	主要内容
上海仁会生物制药股份有限公司（科创板在审）	2020/02/14	2019年11月16日，发行人召开2019年第六次临时股东大会，审议通过了《上海仁会生物制药股份有限公司第二期股票期权激励计划（草案）》《上海仁会生物制药股份有限公司第二期股票期权激励计划管理办法》《上海仁会生物制药股份有限公司第二期股票期权激励计划实施考核办法》《关于公司第二期股票期权激励计划激励对象名单的议案》等议案。 本激励计划的激励对象共计191人，为公司的董事、高级管理人员和管理、技术、业务骨干人员，不包括独立董事、监事及单独或合计持有公司5%以上股份的股东或实际控制人及其配偶、父母、子女。
上海硅产业集团股份有限公司（科创板已过会）	2019/11/27	2019年4月21日，发行人召开2019年第二次临时股东大会，审议通过了《关于公司股票期权激励计划（草案）的议案》《关于公司股票期权激励计划实施考核管理办法的议案》《关于授权董事会办理股票期权激励相关事宜的议案》等议案。 本激励计划的激励对象共计267人，为发行人及其控股子公司的核心管理人员、核心业务或技术人员，不包括独立董事、监事。

(续表)

公司名称	公告时间	主要内容
北京天智航医疗科技股份有限公司（科创板在审）	2019/11/12	关于股票期权激励计划，请发行人补充披露：……公司董事会确定的获授激励对象及数量是否符合相关规定……根据发行人提供的《北京天智航医疗科技股份有限公司2019年股票期权激励计划》、激励对象出具的承诺及发行人确认，公司期权激励计划确定的激励对象为公司董事、高级管理人员、核心技术人员及核心业务人员、其他骨干人员，其中包含一名美籍人员GRACE CHUMAN KWOK，其作为公司法务总监，负责公司依法合规运营，及规避公司生产经营过程中的法律风险，并在公司境外投资项目商务谈判以及协助境外业务及市场推进等工作方面具有较大贡献，因此作为骨干人员参与本次期权激励计划。公司期权激励计划的激励对象不包括独立董事和监事，也不包括单独或合计持有公司5%以上股份的股东、公司实际控制人及其配偶、父母、子女。

根据上述规定及案例，独立董事不能成为拟上市公司股权激励计划的激励对象。

第十三问：参与拟上市公司股权激励计划的激励对象是否有数量限制

答：关于参与拟上市公司股权激励计划的激励对象数量，在新《中华人民共和国证券法》（以下简称证券法，2020年3月1日生效）修订前后，有不同要求。在新证券法生效之前，拟上市公司股权激励计划的激励对象数量有一定限制；在新证券法生效之后，则对拟上市公司股权激励计划的激励对象数量限制有所放宽。

1.新证券法生效之前，关于激励对象数量的要求

根据激励对象直接持股情形和间接持股情形具有不同要求，具体要求如下表：

情形	激励对象数量要求	依据
直接持股	拟上市公司为有限责任公司的，激励对象与原股东合计数量不超过50人。	公司法第二十四条
	拟上市公司为股份有限公司的，激励对象与原股东合计数量不超过200人。	公司法第七十八条 原证券法第十条
间接持股	单个员工持股平台内的激励对象数量，参照直接持股情形下激励对象数量要求。	公司法第二十四条 公司法第七十八条 原证券法第十条
	拟上市公司计划在主板、中小板、创业板上市的，激励对象与拟上市公司穿透后的最终出资人合计不超过200人。	原证券法第十条
	拟上市公司计划在科创板上市的，且满足相应要求的，激励对象数量限制可以放宽。	原证券法第十条 上海证券交易所科创板股票发行上市审核问答（一）第11问

如上述表格所述，在间接持股情形下，激励对象数量的计算可能需要进行穿透核查。虽然规则层面上并未明确规定股份有限公司需要穿透核查计算出资人数量，但根据IPO项目的相关审核实践来看，计算激励对象数量需要经过穿透核查，且不同板块对于激励对象数量具有不同要求。

在主板、中小板及创业板IPO审核实践中，对于激励对象数量问题，一般需经过穿透核查，且要求激励对象与拟上市公司穿透后的最终出资人合计不超过200人，否则可能涉及公开发行的情形，并引

一、筹划股权激励计划方案应考虑的"八定"

起证券监管部门关注。具体案例情况如下表：

公司名称/代码	公告日期	关注问题	公司回复
数据港/603881	2017/01/09	复鑫投资追溯至最终自然人共计208名股东/合伙人，已超过200人，其是否曾涉及股份公开发行，其股份发行和转让是否合法合规，发行人是否存在规避股东人数超200人的情形，上述情况是否对发行人的本次发行构成法律障碍的核查意见。	上海复鑫追溯到最终出资人并认定股东人数208人，且仅投资数据港；苏州国发追溯到最终出资人并认定股东人数39人，且仅投资数据港；上海万丰追溯到最终出资人并认定股东人数20人，非仅投资数据港。
开立医疗/300633	2017/03/16	说明股东的股东或合伙人情况直至自然人或国资主体，各直接或间接股东之间的关联关系，间接自然人股东的背景及是否具备法律法规规定的股东资格，是否存在故意规避股东合计不得超过200人的有关规定情形。	穿透核查员工持股平台至最终出资人170人，认定股东数量为170人；为穿透核查私募基金至最终出资人，分别认定私募基金股东数量为1人。该等私募基金均非专门投资上市公司。
万通智控/300643	2017/04/12	请发行人补充披露历次股权变动的价格；说明2012年增资中不同股东认购价格存在差异，是否违反公司法第126条的规定；说明历次对赌协议终止的真实性；发行人是否存在规避股东人数不得超过200人规定的情形；发行人股东是否存在国有股转持义务的情形。	私募基金中既有专门投资于上市公司的私募基金杭州凯蓝投资合伙企业（有限合伙），亦有非专门投资于上市公司的私募基金杭州青巢创业投资合伙企业（有限合伙），均穿透核查至最终出资人并按最终出资人计算股东人数。

在科创板IPO审核实践中，同样需要对激励对象进行穿透核查，但对于激励对象数量的要求却不相同。根据科创板审核问答（一）第11问规定："员工持股计划符合以下要求之一的，在计算公司股东人数时，按一名股东计算；不符合下列要求的，在计算公司股东人数时，穿透计算持股计划的权益持有人数。员工持股计划遵循'闭环原则'。员工持股计划不在公司首次公开发行股票时转让股份，并承诺自上市之日起至少36个月的锁定期。发行人上市前及上市后的锁定期内，员工所持相关权益拟转让退出的，只能向员工持股计划内员工或其他符合条件的员工转让。锁定期后，员工所持相关权益拟转让退出的，按照员工持股计划章程或有关协议的约定处理。"根据该规定，若拟上市公司股权激励计划满足一定要求，激励对象数量限制可以放宽。

新证券法生效之后，关于激励对象数量的要求

新证券法生效之后，其对于激励对象数量要求的变化，主要在于对拟上市公司穿透核查之后关于激励对象的数量计算。根据新证券法第九条第二款第（二）项规定："向特定对象发行证券累计超过200人，但依法实施员工持股计划的员工人数不计算在内。"根据该规定，激励对象的数量可以不计入公司穿透核查的最终出资人总数中。换言之，激励对象的数量限制将进一步放宽。

此外，直接持股的激励对象数量限制、单个员工持股平台内的激励对象限制，仍应满足公司法、合伙企业法规定的相关出资人数量要求，具体要求如本问中"新证券法生效之前，关于激励对象数量的要求"所述。

（四）定条件

第十四问：设置激励股权的授予条件、行权条件，是否可以公司财务数据作为考核指标

拟上市公司实施股权激励计划的，可以将公司财务数据作为激励股权授予条件、行权条件的考核指标。

从规则层面看，经检索公司法、证券法等相关法律规定，该等规定均未对授予条件、行权条件的考核指标作出明确规定。判断是否可以财务数据作为考核指标，需要根据实践案例情况进行判断。

从实践案例层面看，由于非上市公司的公开披露信息较少，暂未找到非上市公司以财务数据作为授予条件、行权条件考核指标的案例，但在实践操作中，并不乏将公司财务数据作为授予条件、行权条件考核指标的项目经验。

同时，根据检索的案例情况，实践中存在相关上市公司实施股权激励计划时，以公司财务数据作为授予条件、行权条件考核指标的情形。一般理解，上市公司股权激励计划的考核指标较之拟上市公司应当更为严格，就"举重以明轻"而论，拟上市公司以公司财务数据作为相应考核指标暂不存在法律障碍。上市公司股权激励案例情况具体如下表：

公司名称/代码	公告日期	授予条件/行权条件	涉及的财务数据
信维通信/300136	2019/08/28	行权条件公司层面业绩考核要求：本计划在2019—2021年3个会计年度中，分年度对公司的业绩指标进行考核，以达到业绩考核目标作为激励对象当年度的行权条件之一。本计划业绩考核目标为：第一个行权期：2019年营业收入不低于50亿元；第二个行权期：2020年营业收入不低于65亿元；第三个行权期：2021年营业收入不低于85亿元。	营业收入
开能健康/300272	2018/08/08	行权条件公司层面业绩考核要求：本计划首次授予的股票期权，在2018—2021年4个会计年度中，分年度进行绩效考核并行权，以达到绩效考核目标作为激励对象的行权条件。各年度考核目标为：第一个行权期：2018年年度考核营业收入10亿元，年度考核净利润3.3亿元；第二个行权期：2019年年度考核营业收入14亿元，年度考核净利润1.2亿元；第三个行权期：2020年年度考核营业收入20亿元，年度考核净利润1.5亿元；第四个行权期：2021年年度考核营业收入25亿元，年度考核净利润1.8亿元。	净利润、营业收入

一、筹划股权激励计划方案应考虑的"八定"

（续表）

公司名称/代码	公告日期	授予条件/行权条件	涉及的财务数据
华策影视/300133	2017/05/17	行权条件公司层面业绩考核要求：本计划首次授予的股票期权，在行权期的3个会计年度中，分年度进行绩效考核并行权，以达到绩效考核目标作为激励对象的行权条件。股票期权的各年度绩效考核目标为：第一个行权期：2017年净利润不低于6.5亿元，或营业收入不低于52亿元；第二个行权期：2018年净利润不低于7.8亿元，或营业收入不低于65亿元；第三个行权期：2019年净利润不低于10亿元，或营业收入不低于75亿元。	净利润、营业收入

根据上述规定及案例，拟上市公司实施股权激励计划的，可以将公司财务数据作为激励股权授予条件、行权条件的考核指标，如净利润、营业收入等。

第十五问：设置激励股权的授予条件、行权条件，是否可以公司业绩增长幅度作为考核指标

拟上市公司实施股权激励计划的，可以将公司业绩增长幅度作为激励股权授予条件、行权条件的考核指标。

从规则层面看，经检索公司法、证券法等相关法律规定，该等规定均未对授予条件、行权条件的考核指标作出明确规定。明确公司业绩增长幅度是否可以作为考核指标，需要根据实践案例情况进行判断。

从实践案例层面看，由于非上市公司的公开披露信息较少，暂

未找到非上市公司以公司业绩增长幅度作为授予条件、行权条件考核指标的案例，但在实践操作中，并不乏将公司业绩增长幅度作为授予条件、行权条件考核指标的项目经验。

同时，根据检索的案例情况，实践中存在相关上市公司实施股权激励计划时，以公司业绩增长幅度作为授予条件、行权条件考核指标的情形。一般理解，上市公司股权激励计划的考核指标较之拟上市公司应当更为严格，就"举重以明轻"而论，拟上市公司以公司业绩增长幅度作为相应考核指标暂不存在法律障碍。上市公司股权激励案例情况具体如下：

公司名称/代码	公告日期	授予条件/行权条件	涉及的考核指标
中国汽研/601965	2019/12/31	公司层面授予条件： （1）公司授予激励对象限制性股票前一个财务年度扣除非经常性损益后加权平均净资产收益率不低于7.19%； （2）公司授予激励对象限制性股票前一个财务年度归属于上市公司股东的净利润增长率不低于2.42%； （3）公司授予激励对象限制性股票前一个财务年度主营业务收入占比不低于90%。	净利润增长率
太空智造/300344	2018/01/23	公司层面行权条件： 本激励计划的解除限售考核年度为2018—2020年3个会计年度，每个会计年度考核一次，第一个解除限售期以2016年主营业务收入为基数，2018年主营业务收入增长率不低于15%；第二个解除限售期以2016年主营业务收入为基数，2019年主营业务收入增长率不低于25%；第三个解除限售期以2016年主营业务收入为基数，2020年主营业务收入增长率不低于35%。	主营业务收入增长率

一、筹划股权激励计划方案应考虑的"八定"

(续表)

公司名称/代码	公告日期	授予条件/行权条件	涉及的考核指标
旗滨集团/601636	2017/03/10	公司层面行权条件： 首次授予的限制性股票解锁安排及公司业绩考核条件：第一次解锁：以2015年净利润为基数，2017年净利润增长率不低于110%；第二次解锁：以2015年净利润为基数，2018年净利润增长率不低于120%；第三次解锁：以2015年净利润为基数，2019年净利润增长率不低于130%。	净利润增长率
沃尔核材/002130	2017/02/13	公司层面行权条件： 本计划授予的限制性股票，在解除限售的3个会计年度中，分年度进行业绩考核，以达到业绩考核目标作为激励对象的解除限售条件。 限制性股票各年度业绩考核目标为：第一次解除限售以2016年净利润为基数，2017年净利润增长率不低于40%；第二次解除限售，以2016年净利润为基数，2018年净利润增长率不低于70%；第三次解除限售以2016年净利润为基数，2019年净利润增长率不低于100%。	净利润增长率

根据上述规定及案例，拟上市公司实施股权激励计划的，可以将公司业绩增长幅度作为激励股权授予条件、行权条件的考核指标，如净利润增长率、主营业务收入增长率等。

第十六问：设置激励股权的授予条件、行权条件，是否可以引入个人考核指标

拟上市公司实施股权激励计划的，可以将个人考核情况作为激励股权授予条件、行权条件的考核指标。

从规则层面看，经检索公司法、证券法等相关法律规定，该等规定均未对授予条件、行权条件的考核指标作出明确规定。判断是否可以个人考核情况作为考核指标，需要根据实践案例情况进行判断。

从实践案例层面看，由于非上市公司的公开披露信息较少，暂未找到非上市公司以个人考核情况作为授予条件、行权条件考核指标的案例，但在实践操作中，并不乏将个人考核情况作为授予条件、行权条件考核指标的项目经验。

同时，根据检索的案例情况，当实践中存在相关上市公司实施股权激励计划时，以个人考核情况作为授予条件、行权条件考核指标的情形。一般理解，上市公司股权激励计划的考核指标较之拟上市公司应当更为严格，就"举重以明轻"而论，拟上市公司以个人考核情况作为相应考核指标暂不存在法律障碍。上市公司股权激励案例情况具体如下表：

公司名称/代码	公告日期	个人考核指标
中国汽研/601965	2019/12/31	激励对象只有在上一年度绩效考核满足条件的前提下，才能部分或全额解除限售当期限制性股票，具体解除限售比例依据激励对象个人绩效考核结果确定。若激励对象上一年度个人绩效考核结果为合格及以上，则激励对象可按照本激励计划规定的比例解除限售。若激励对象上一年度个人绩效考核结果为不合格，公司将取消该激励对象当期解除限售额度，未解除限售部分的限制性股票，公司将在当期解除限售日之后以授予价格与解除限售日市价之低者统一回购并注销。具体如下：优良（标准系数100%），中等（标准系数90%），合格（标准系数80%），不合格（标准系数0%）；个人当年实际解除限售额度=标准系数×个人当年计划解除限售额度
太空智造/300344	2018/01/23	激励对象的个人层面考核，按照公司现行薪酬与考核的相关规定实施。个人层面上一年度考核结果： （1）优秀/良好：个人层面系数100%； （2）合格：个人层面系数80%； （3）不合格：个人层面系数0%。 若各年度公司层面业绩考核达标，激励对象个人当年实际解除限售额度=个人层面系数×个人当年计划解除限售额度

(续表)

公司名称/代码	公告日期	个人考核指标
旗滨集团/601636	2017/03/10	根据公司《考核办法》，各批限制性股票首个可解锁日前，董事会薪酬与考核委员会根据激励对象前一年度绩效考评结果，将激励对象划分为4个等级，其中个人绩效考核评分在60分以上（含60分）可解锁，具体可解锁比例如下： （1）工作考评得分≥80，年度可解锁股份比例为100%； （2）工作考评得分≥70，年度可解锁股份比例为90%； （3）工作考评得分≥60，年度可解锁股份比例为80%； （4）工作考评得分＜60，年度不能解锁股份。
沃尔核材/002130	2017/02/13	行权条件：激励对象个人层面业绩考核要求 个人考核指标：根据公司《2017年股权激励计划实施考核管理办法》，激励对象在每一等待期对应的考核年度个人绩效考核达标。

根据上述规定及案例，拟上市公司实施股权激励计划的，可以将个人考核情况作为激励股权授予条件、行权条件的考核指标。

（五）定来源

第十七问：拟上市公司实施股权激励计划，可以选择哪些激励股权来源

拟上市公司实施股权激励计划，可选择的激励股权来源主要包括两个方面：其一是公司向激励对象（或员工持股平台）增资的新股；其二是公司或原有股东向激励对象（或员工持股平台）转让的

老股。

从规则层面看,经检索现行公司法、证券法及相关上市规则,未发现有关法律规定明确禁止或限制以增资的新股、转让的老股作为激励股权来源。此外,公司法第一百四十二条明确规定,公司可以收购本公司股份用于员工持股计划或股权激励,说明公司可以向激励对象转让老股作为激励股权来源。明确激励股权的具体来源,需要进一步检索相关实践案例进行判断。

从实践案例层面看,根据检索的案例情况,实践中存在相关拟上市公司实施股权激励计划时,以增资的新股或转让的老股作为激励股权来源情形。具体案例情况如下:

公司名称/代码	公告日期	具体情况	激励股权来源
天智航-U/688277	2019/08/07	(1)2014年5月,中发展将其持有公司的股份转让给智汇合创(员工持股平台),占当时公司总股本的比例为14.03%。(2)2019年4月,先进制造基金、京津冀基金与智汇德创签署转让协议,分别以每股15元的价格将其持有的230万股股票转让给智汇德创(员工持股平台)。	激励对象通过员工持股平台间接受让原股东股权
斯达半导/603290	2020/01/14	2011年7月,激励对象戴志展通过向公司增资的方式获得激励股权,增资金额8.57万美元,价格为10.37元/1美元出资额。	激励对象直接向公司增资
北京国科环宇科技股份有限公司(已终止)	2019	环宇有限分别于2015年、2018年两次实施股权激励计划,实施方式均为公司骨干员工通过员工持股合伙企业众智联合向环宇有限现金增资。	激励对象通过员工持股平台间接向公司增资

根据上述规定及案例可以认为，拟上市公司实施股权激励计划，可选择增资的新股或转让的老股作为激励股权来源。

此外，需要说明的是，该两种股权激励来源也存在一定差异，在选择相关股权激励来源时应予以注意。

其一，原有股东的出资比例是否会被稀释情况不同。转让老股不会影响公司的注册资本和其他股东的出资比例。增资的新股则相反，其会使得公司的注册资本增加，原有股东的出资额不会发生改变，但原有股东的出资比例会被相应稀释。

其二，不同激励股权来源的资金取得主体不同。转让老股方式下，资金取得主体是公司或其原有股东；增资新股方式下，资金取得主体是公司。如果原有股东需要在上市前对部分股权进行套现，可以考虑采取转让老股方式；如果拟上市公司对于资金有所需求，可以考虑采取增资的方式。

（六）定数量

第十八问：拟上市公司决定激励股权的授予数量，应考虑哪些因素

拟上市公司股权激励计划中激励股权授予数量的确定暂无明确要求，激励股权的授予数量有一定的弹性空间。公司决定激励股权的授予数量时，可以考虑公司利润规模、控制权稳定性、同行业情况、公司薪酬体系等因素进行综合判断。

从规则层面看，现行公司法、证券法及相关上市规则未对拟上市公司股权激励计划中激励股权的授予数量问题作出明确规定，激励股权的授予数量具有一定弹性空间。

一、筹划股权激励计划方案应考虑的"八定"

从实践案例层面看,根据检索的案例情况,应注意到,相关拟上市公司股权激励计划案例中,激励股权授予数量的弹性较大,既有激励股权比例较小的情形,也有激励股权比例较大的情形。具体案例情况如下:

公司名称/代码	公告日期	激励股权总量占比	单个激励对象授予股权占比
河南科隆新能源股份有限公司(已终止)	2020/02/07	1.061%	董事长、总经理程迪即员工持股平台普通合伙人持有员工持股平台35.711%合伙份额,其余激励对象持有份额为5.590%。
艾可蓝/300816	2020/01/15	5.68%	董事、财务总监、总经理助理姜任健即员工持股平台普通合伙人持有员工持股平台38.22%合伙份额;另有三名激励对象持有员工持股平台20%合伙份额,其余激励对象持有份额在0.03%~0.44%。
斯达半导/603290	2020/01/14	7.24%	经理龚央娜即员工持股平台普通合伙人持有员工持股平台23.21%合伙份额,董事会秘书张哲持有员工持股平台14.07%合伙份额;副总经理李云超持有员工持股平台9.13%合伙份额,其余激励对象持有份额在0.22%~3.62%。

根据上述规定及案例,拟上市公司股权激励计划中激励股权授予数量的确定暂无明确要求,激励股权的授予数量具有一定弹性空

· 041 ·

间。公司决定激励股权的授予数量时,可以着重考虑以下因素:

公司利润规模。确定激励股权授予数量,首先考虑公司规模,尤其是利润规模,以确定合理的激励股权授予数量及比例,避免因实施股权激励计划影响公司的正常经营、利润水平。

公司控制权的稳定性。拟上市公司实施股权激励计划以增资新股作为激励股权来源的,则激励股权的授予会稀释原有股东股权比例。所以,激励股权的授予数量要考虑原有股东股权稀释程度及控制权是否稳定等问题。

同行业情况及人力资本依附性。公司在确定激励股权数量时,通常需要考虑同行业竞争对手公司的情况以及公司本身的人力资本依附性。对于人力资本依附性较强、同行业人才竞争激烈的领域,公司可以考虑适当扩大激励股权的授予数量,实现更好的激励效果。

公司薪酬体系。一般而言,薪酬体系和股权激励计划共同构成公司的员工激励体系,两者应并驾齐驱不可偏废,因此股权激励数量应当与公司薪酬体系挂钩,不同级别的员工对应不同级别的授予数量,避免因为过多或过少的激励股权,致使激励对象丧失"奋斗者"心态。

进一步实施股权激励留足空间。通常情况下,大部分公司的股权激励不会仅实施一次,而是随着公司发展而多次实施。因此,激励股权授予数量的确定,应充分考虑为之后股权激励计划留足空间。

综上,公司决定激励股权的授予数量时,可以考虑公司利润规模、控制权稳定性、同行业情况、公司薪酬体系等因素进行综合判断。

需要特别说明的是,本问主要涉及非国有企业的拟上市公司情形,国有拟上市公司的激励股权授予数量问题,具体详见本书"第四十九问"所述。

（七）定价格

第十九问：拟上市公司向激励对象授予激励股权时，授予价格是否可以参考公司估值进行定价

拟上市公司向激励对象授予激励股权时，可以参考公司估值进行定价。

从规则层面看，现行公司法、证券法及相关上市规则未对拟上市公司股权激励计划中激励股权授予价格作出明确规定。明确该问题，需要根据实践案例情况进行判断。

从实践案例层面看，根据检索的案例情况，实践中拟上市公司实施股权激励计划，按照公司估值确定授予价格的案例并不鲜见。具体案例情况如下表：

公司名称/代码	公告日期	具体情况	授予价格定价依据
斯达半导/603290	2020/01/14	2011年，激励对象戴志展通过直接向公司增资的方式获得激励股权，股权价格为10.37元/1美元出资额，定价依据为按照2010年的投资人增资价格协商确定。	按照2010年投资人增资价格协商确定
乐元素科技（北京）股份有限公司（主板在审）	2018/04/12	2016年12月，神州视翰引入员工持股平台逐鹿投资，主要是为激励管理团队及骨干员工的工作积极性，基于持股员工的工作能力、岗位重要性而实施的持股计划，神州视翰未对持股员工提出业绩考核要求，股权授予价格参考外部投资人增资价格确定。	参考外部投资人增资价格确定

(续表)

公司名称/代码	公告日期	具体情况	授予价格定价依据
振德医疗/603301	2018/01/05	以公司2016年1月引入外部投资者增资价格作为参考,每股公允价格为10.6667元。据此,2015年部分员工以低于外部投资人增资价格对发行人增资及2016年部分员工以低于外部投资人增资价格受让发行人股份。2015年度及2016年度的增资或转让价格为5.30元/股。	参考外部投资人增资价格

根据上述规定及案例,拟上市公司向激励对象授予激励股权时,可以参考公司估值对授予价格进行定价。

事实上,参考公司估值是拟上市公司确认激励股权授予价格的常见定价依据。据统计,截至2019年10月24日,在已注册生效且在审核问询中存在股份支付和期权相关问题的41家科创板上市公司中,有23家拟上市公司通过参考投资机构融资估值价格确定公司股份的公允价值。这是因为该种方法充分利用投资机构的专业判断,避免公司自行进行估值的复杂性,一定程度上能够反映公司现阶段真实的市场价值。

需要特别说明的是,参考公司近期融资估值确定的投资人入股价格确定激励股权的授予价格,要充分考虑融资估值及投资人入股价格中的风险溢价因素。譬如,投资机构入股经常伴随业绩对赌、随售权、连带并购权、优先清算权、反稀释权、重大事项一票否决权等特殊权力安排。因此,实践中需要考虑结合前述风险溢价因素在融资估值及投资人入股价格基础上进行一定程度的折价,确定最终的激励股权价格。

一、筹划股权激励计划方案应考虑的"八定"

需要特别说明的是，本问主要涉及非国有企业的拟上市公司情形，国有拟上市公司的激励股权授予价格问题，具体详见本书"第四十八问"所述。

第二十问：拟上市公司向激励对象授予激励股权时，授予价格是否可以参考公司净资产进行定价

拟上市公司向激励对象授予激励股权时，可以参考公司净资产进行定价。

从规则层面看，现行公司法、证券法及相关上市规则未对拟上市公司股权激励计划中激励股权授予价格作出明确规定。明确该问题，需要根据实践案例情况进行判断。

从实践案例层面看，根据检索的案例情况，实践中拟上市公司实施股权激励计划，参考公司净资产确定授予价格的案例并不鲜见。具体案例情况如下表：

公司名称/代码	公告日期	具体情况	授予价格定价依据
中科海讯/300810	2019/11/19	根据公司提供的资料及确认，公司2014年12月形成代持时，用于股权激励的161.25万元出资额全部来自老股东转让，转让价格为截至2014年9月30日公司未经审计的账面每股净资产值9.5803元/注册资本。由于转让时公司股票无活跃交易市场价格，也未进行资产评估，亦无可参考的外部投资者入股价格。因此，股权激励以每股净资产值定价具有合理性。	截至2014年9月30日公司未经审计的账面每股净资产值

· 045 ·

(续表)

公司名称/代码	公告日期	具体情况	授予价格定价依据
久量股份/300808	2019/11/11	第二次股权转让,系实际控制人卓楚光、郭少燕为实施股权激励将股权转让给员工持股平台,转让价格以久量有限当时的净资产价格为依据协商确定,具有合理性。	久量有限当时的净资产价格
锦鸡股份/300798	2019/10/14	泰兴至臻、泰兴至远为发行人的员工持股平台,本次增资为发行人实施的股权激励,本次增资价格根据发行人截至2016年11月30日每股净资产确定为2元/股。	截至2016年11月30日每股净资产
泽璟制药/688266	2019/10/09	为公司实施股权激励计划以及经营发展需要,宁波泽奥以现金方式投资人民币478.865729万元认购21.0965万美元注册资本,定价依据为参考公司上一期账面净资产。	公司上一期账面净资产
德林海/688069	2019/08/15	2017年9月,股东胡明明签署《股份转让协议》,将其持有公司的2%计40万股的股份转让给胡云海。本次股份转让原因是为激励公司关键岗位人员,转让价格为3元每股,定价依据为参考股权转让前公司2017年8月31日每股账面净资产值由转让双方共同协商确定,截至2017年8月31日公司每股账面净资产值为2.93元,最终转让价格由双方协商决定。	截至2017年8月31日公司每股账面净资产值

根据上述规定及案例,拟上市公司向激励对象授予激励股权时,可以参考公司净资产值对授予价格进行定价。

需要特别说明的是,本问主要涉及非国有企业的拟上市公司情形,国有拟上市公司的激励股权授予价格问题,具体详见"第四十八问"所述。

第二十一问:拟上市公司向激励对象授予激励股权时,授予价格是否可以按照注册资本金额进行定价

拟上市公司向激励对象授予激励股权时,可以按照公司注册资本金额进行定价。

从规则层面看,现行公司法、证券法及相关上市规则未对拟上市公司股权激励计划中激励股权授予价格作出明确规定。明确该问题,需要根据实践案例情况进行判断。

从实践案例层面看,根据检索的案例情况,实践中拟上市公司实施股权激励计划,按照公司注册资本金额确定授予价格的案例并不鲜见。具体案例情况如下表:

公司名称/代码	公告日期	具体情况	授予价格定价依据
耐普矿机/300818	2020/01/22	耐普有限股东会于2008年8月9日作出决议,全体股东一致同意郑昊将其拥有的耐普有限8%股权转让给牛忠波。上述股权转让的背景为郑昊于2008年8月将其持有的耐普有限321.6万元出资额、201万元出资额及120.6万元出资额以1元/出资额的价格分别转让给牛忠波、程胜与朱云峰,用于人才的激励与约束。	1元/1元注册资本金额

(续表)

公司名称/代码	公告日期	具体情况	授予价格定价依据
艾可蓝/300816	2020/01/15	2014年12月18日，刘屹与ZHU QING（朱庆）、朱叕、朱志强、沈志彬、汪涛签订《股权转让协议》，将其持有的艾可蓝有限26.9872万元出资（占注册资本13.70%），作价26.9872万元转让给上述受让方。本次股权转让系艾可蓝有限实际控制人对核心技术团队进行的股权激励，刘屹按照每元注册资本1元的价格进行股权转让的定价合理。	1元/1元注册资本金额
易天股份/300812	2019/12/23	柴明华于2009年12月将其持有的易天有限20%、15%和10%的股权分别以20万元、15万元和10万元的价格转让给胡靖林、赵林和周鹏，由于本次股权转让存在股权代持和股权激励安排，因此本次股权转让以原股东对易天有限的出资为定价依据，每1元注册资本作价1元。	1元/1元注册资本金额

根据上述规定及案例，拟上市公司向激励对象授予激励股权时，可以按照公司注册资本金额对授予价格进行定价。

此外，拟上市公司应当审慎按照注册资本金额确定授予价格。公司选择该种定价方式，若激励股权市场公允价值较高的，公司可能承担高额的"股份支付"费用，并直接影响公司当期净利润。因此，实践中拟上市公司会在公司处于初创时期或者IPO报告期之外时选择该种定价方式。

需要特别说明的是，本问主要涉及非国有企业的拟上市公司情形，国有拟上市公司的激励股权授予价格问题，具体详见本书"第四十八问"所述。

第二十二问：拟上市公司是否可以向激励对象无偿授予激励股权

关于拟上市公司无偿向激励对象授予激励股权，虽然现行规则未明确禁止或限制该情形，但是根据实践经验，不建议拟上市公司无偿向激励对象授予激励股权。

从规则层面上说，现行公司法、证券法及相关上市规则未明确限制公司向激励对象无偿授予激励股权事宜。从实践案例层面说，通过公开信息披露渠道检索，未发现有关拟上市公司无偿向激励对象授予激励股权的案例。根据规定及案例检索情况，并结合既往项目经验，拟上市公司无偿向激励对象授予股权，在规则层面上并无明确限制，但并不建议拟上市公司无偿向激励对象授予激励股权。主要理由如下：

第一，若拟上市公司向激励对象授予的激励股权来源为增资的新股，则公司向激励对象无偿授予激励股权时，激励对象可以不用向公司进行实缴出资。该情形将导致公司注册资本实缴资本不充实，违背资本充实性原则。对此，拟上市公司采取增资方式实施股权激励计划的，不能向激励对象无偿授予激励股权。

第二，若拟上市公司向激励对象授予的激励股权来源为转让的老股，则公司向激励对象无偿授予激励股权时，激励对象可以不向相关转让方支付股权转让价款。从无偿转让公司股权的表现形式看，该情形可能因为具有股权代持的表现特征，被认定为激励对象与转让方可能存在代持关系，可能不利于公司股权权属清晰的论证。

第三，向激励对象无偿授予激励股权是一把双刃剑。一方面，激励对象无须支付任何成本，无偿获授激励股权，激励对象会产生较强的获得感；另一方面，公司向激励对象无偿授予激励股权，可能会使激励对象对公司价值产生错误的评估或预判，从而影响股权激励计划的激励效果。

第四，公司向激励对象无偿授予激励股权，可能会导致公司承担较大的"股份支付"费用，影响公司利润水平，从而对公司的IPO计划造成影响。

需要特别说明的是，本问主要涉及非国有企业的拟上市公司情形，国有拟上市公司的激励股权授予价格问题，具体详见本书"第四十八问"所述。

第二十三问：激励对象认购激励股权的资金来源，应关注哪些问题

激励对象参与拟上市公司股权激励计划涉及的资金来源，一直是IPO审核过程中证券监管部门重点关注的问题。有些公司存在在上市前实施股权激励计划的情形时，证券监管部门在审核其IPO申请时，会重点关注激励对象认购激励股权的资金来源及合法性、公司及其关联方是否存在提供借款的情况、是否存在代持行为等问题。

1.资金来源是否合法

激励对象，尤其是管理层或核心员工入股，应能够充分说明其资金来源合法。激励对象的资金来源可以是其可证明的自有合法收入或合法借款（包括来自亲属的借款、来自控股股东的借款等）。若资金来自激励对象自身或者家庭积累，证券监管部门可能会关注激励对象及其家庭是否有能力承担、担任职务与出资金额之间匹配关系等问题。

2.资金是否来自公司、大股东以及实际控制人

现行规定并未对参与拟上市公司股权激励计划的激励对象资金来源作出明确限制，考虑到激励股权价格不菲，公司、大股东以及实际控制人向激励对象提供借款亦是资金来源选项。从公司IPO审核角度，公司向激励对象提供借款，可能会引起审核部门关于公司向激励对象进行利益输送，或者激励对象侵占上市公司利益的质疑或关注，同时公司有闲置资金向激励对象提供借款，其融资必要性亦可能受到质疑，公司向激励对象提供借款并不适宜。大股东及实际控制人向激励对象提供借款，虽不会存在前述可疑情形，但也可能引起审核部门关于激励对象与大股东、实际控制人是否存在代持关系的关注。

3.是否存在代持行为

事实上，该问题系大股东、实际控制人向激励对象提供借款问题的衍生。大股东、实际控制人向激励对象提供借款，激励对象认购相关激励股权，从表现形式上看，该情形符合代持行为的表现特征，相关审核部门会对该情形是否存在代持关系、特殊利益安排予以关注。根据项目经验，大股东、实际控制人向激励对象提供借款并非不可行，但公司应当加强资金来源的审核，做好应对审核部门关注的准备。例如，公司应当核查并留档大股东、实际控制人与激励对象之间的借款协议、借款支付凭证、双方前后6个月的银行转账记录等。同时，公司应当督促激励对象在IPO申报之前，向大股东、实际控制人返还借款。

除前述重点关注问题之外，若激励对象资金源于其他渠道，如与无任何关联关系第三方的借款，审核部门可能会关注到其原因、合理性、合法性、相关各方是否存在关联关系、是否有代持等利益

安排、涉及借款的直接或间接股东的股东权利是否受到限制、借款方是否提供担保（如以对公司的直接或间接股份质押）等。公司同样需要做好资金来源审核，以应对或有的审核部门关注。

（八）定规则

第二十四问：拟上市公司实施股权激励计划，应与激励对象提前约定哪些规则

就拟上市公司而言，实施股权激励计划，有利于稳定管理层以及核心员工，激励其创造更大的价值。在公司顺利实现上市之后，股权激励计划也将带给员工来自资本市场的收益。所谓"无规矩不成方圆"，是在一定程度上实现股权激励计划的目的，满足上市监管相关要求。当拟上市公司实施股权激励计划时，应当与激励对象约法三章，对相关重要事项进行约定，包括但不限于激励对象的权利义务、关于激励股权的限制要求、退出机制等。

1. 激励对象的权利与义务

拟上市公司实施股权激励，应提前与激励对象约定其权利与义务，明确各自的职责权限，以免产生纠纷。权利方面，可以与激励对象约定其参与公司股东（大）会会议、按实缴出资比例获取分红、行使表决权的权利，了解公司的经营状况、财务状况权利，以及查阅、复制公司章程、股东（大）会会议记录、执行董事决议、财务会计报告等权利；义务方面，可以与激励对象约定其按期足额缴纳出资、不抽逃出资的义务，不滥用股东权利、勤勉尽责的义务，以及发生约定的回购情形时，及时配合办理目标股权回购事宜等义务。此外，激励对象的义务还应包括遵守事先约定的对其激励股权的限制。

2.关于激励股权的锁定期

股权结构的稳定性是拟上市公司应重点关注的问题，公司实施股权激励计划也应当采取必要措施，保障公司股权结构的稳定。因此，公司可以考虑对激励对象持有的激励股权加以必要限制，如增加锁定期安排，要求激励对象持有的激励股权在一定期限内不得转让、质押或设置其他第三方权利等。

3.激励股权退出机制

鉴于公司上市过程通常时间较长，激励对象从获授激励股权到公司上市之间可能发生主动离职、协商离职、未完成业绩考核、行为违规等情形，存在该等情形的激励对象并不适宜继续参与股权激励计划，其持有的激励股权亦应当予以回购或对外转让。因此，拟上市公司应事先与激励对象约定股权激励计划的退出机制，明确退出情形、退出程序、回购（受让）主体、回购（转让）价格等。此外，在公司上市后且激励对象持有激励股权锁定期届满后，公司同样需要设置相应的退出机制，保障激励对象可以出售激励股权套现。总之，提前约定退出机制，可以为公司、激励对象解决后顾之忧，更好地发挥股权激励计划的作用。

4.股权激励计划调整机制

通常而言，在股权激励计划实施过程需要不断调整、优化，一方面最大化地实现股权激励计划的激励效果；另一方面，公司上市前需要通过调整股权激励计划方案，使之符合相关上市监管政策。因此，拟上市公司在实施股权激励计划前，应当提前设置调整机制，例如设置相关调整协商机制（即达到一定比例的激励对象同意即可调整激励计划方案）或者调整授权机制（即激励对象授权公司必要时可以对激励计划方案进行调整）等。

第二十五问：拟上市公司如何构建完善的考核程序

股权激励并非福利，其具有激励与约束的双层属性，对此，公司建立公平公正的考核机制尤为必要，以真正发挥股权激励的激励效果。拟上市公司实施股权激励计划，应该坚持公正、公平、公开原则，构建完善的考核程序，包括明确考核实施机构职责权限、制定考核方法与规则、建立考核申述机制、考核结果留档机制等。

1.明确考核实施机构职责权限

如本书"第二十七问"所述，建议拟上市公司实施股权激励计划应经过股东（大）会审批，在公司股东（大）会进行审批的同时，结合公司组织结构，明确相关负责机构的职责权限。例如，股东（大）会可以授权董事会负责股权激励计划的实施与执行，并由董事会或其下设的薪酬与考核委员会（如有）负责组织和审核考核工作，包括但不限于考核工作的启动、相关考核数据的搜集及查验、考核结果的编制及层报、考核结果的公布等。同时，公司董事会可以责成公司人力资源部、经营管理部、计划财务部等相关职能部门人员配合实施考核工作。

2.制定考核方法与规则

为了考核工作的可实施、可预期，制定考核方法与规则十分必要。考核方法的具体内涵，以时间角度界定，考核方法可以细分为年度、半年度、季度、月度考核等；以考核内容界定，考核方法可以细分为公司业绩考核、个人绩效考核。制定考核方法与规则，应当紧扣考核时间和考核内容，并细化考核标准、程序等规则。考核标准方面，公司业绩考核可以进一步明确业绩考核的标准，包括净利润考核、营业收入考核等；个人业绩考核的标准亦应当进行明确，包括出勤率、工作时长、工作成果质量等。考核程序方面，公司应当细化考核的启动时间、持续期限、考核数据的汇总交流机制、考核结果的计算规则等程序。

3.建立考核申诉机制

完善的考核程序应当具备激励对象的异议与申诉机制，以便对考核结果进行监督、纠错，促使考核程序更严谨、更规范。若激励对象对考核结果持有异议，应当允许其可在考核结果公布之日起一定期限内向考核职责机构提出申诉，考核职责机构接到申述后，应在一定期限内根据实际情况，对考核结果进行复核，并根据复核情况作出维持考核结果、变更考核结果的结论，同时向激励对象进行说明。考核申诉机制的建立，本身也可以加强公司与激励对象的交流，增强激励对象的主人翁意识，提高股权激励计划的激励效果。

4.考核结果存档机制

在每次考核程序结束后，相关考核职责机构均应将相关资料、记录进行存档。一方面，资料存档是对考核工作的留痕处理，以便未来可能的工作溯源；另一方面，资料存档也有利于公司考核工作经验的积累、总结，以便不断细化、优化考核流程。

第二十六问：激励对象的继承人是否可以继承其持有的激励股权

激励对象的继承人继承其持有的激励股权并不存在法律障碍，但是考虑到激励股权的激励性、特定性、稀缺性等属性，不建议拟上市公司准许激励对象的继承人继承激励股权。需要说明的是，虽然激励对象的继承人不能继承激励股权，但其仍可以继承激励股权变现后的款项。

从规则层面看，公司法第七十五条规定："自然人股东死亡后，其合法继承人可以继承股东资格；但是，公司章程另有规定的除外。"合伙企业法第八十条规定："作为有限合伙人的自然人死亡、被依法宣告死亡或者作为有限合伙人的法人及其他组织终止时，其继承人或者权利承受人可以依法取得该有限合伙人在有限合伙企业中的资格。"根据该等规定，激励对象的继承人继承其持有的激励股权并不存在法律障碍。此外，应注意到，根据公司法第七十五条、合伙企业法第五十条规定，激励对象继承人的继承权可以通过约定进行排除。

通常而言，公司股权激励计划的目的，主要是为了吸引和留住人才，增强激励对象工作的积极性和能动性。股权激励计划的激励对象，主要是在管理、技术、业务等方面具有卓越才能的高管和专业人才。鉴于此，若激励对象因故去世，其持有的激励股权由其继承人进行继承，可能不符合公司股权激励计划的目的。一方面，激励对象的继承人可能不在激励对象的特定范围之内，甚至可能不是公司员工，其持有激励股权无法对其产生激励作用；另一方面，激励股权一般数量有限，激励对象的继承人继承激励股权后，相关激励股权即无法授予真正符合条件的新增激励对象。因此，不建议拟上市公司准许激励对象的继承人继承激励股权，公司可以在公司章程、股权激励计划方案、员工持股平台组织文件中对激励股权继承事项中作出必要限制，并制订相应的解决方案，例如已故激励对象持有的激励股权由公司或其指定的相关主体购买，或者进行定向减资处理等。

从案例层面看，根据检索的案例情况，实践中拟上市公司实施股权激励计划的，也会限制激励股权的继承事项。具体案例情况如下表：

序号	公司名称/代码	公告日期	公告内容
1	北京汉迪移动互联网科技股份有限公司（创业板在审）	2019/10/25	本部分股权激励不涉及业绩考核和对赌，设定了激励对象的服务期限。如激励对象在服务期限内离职、死亡、丧失劳动能力或者不再满足授予条件，则其所持全部激励股份应以原始认购价格转让给发行人指定之主体。
2	海尔生物/688139	2019/10/08	激励对象发生职务变更、离职、退休、丧失劳动能力或死亡等事项情形的，其持有的公司股权按规定，由公司回购注销或转让给公司指定主体。
3	山石网科/688030	2019/07/19	参与持股计划的员工因离职、退休、死亡等原因离开公司的，其间接所持股份权益已按照员工持股计划的章程或相关协议约定的方式处置。
4	华兴源创/688001	2019/06/19	约定激励对象因离职、退休、死亡等原因离开发行人的，其间接所持发行人股份权益按照前述管理办法约定的方式处置。

根据上述规定及案例，激励对象的继承人继承其持有的激励股权并不存在法律障碍，但是考虑到激励股权的激励性、特定性、稀缺性等属性，不建议拟上市公司准许激励对象的继承人继承激励股权。

二、股权激励计划实施中的实务问题

（一）股权激励计划的审批

第二十七问：拟上市公司实施股权激励计划是否需要经过股东（大）会审批

现行规则并未明确规定拟上市公司实施股权激励计划是否需要经过股东（大）会审批，股权激励计划审批权限可由公司章程进行约定。此外，公司实施股权激励计划可能涉及公司章程修改、增资、股权回购、股权转让等情形，该等情形可能涉及股东（大）会审批程序，建议拟上市公司实施股权激励计划可以经过股东（大）会审批。

从规则层面看，现行公司法、证券法及相关上市规则未对拟上市公司股权激励计划审批程序作出明确规定，相关审批程序可以由公司章程进行规定。此外，根据公司法第三十七条、第九十九条规定，公司发生公司章程修改、增资、股权回购、股权转让等情形，需要经过股东（大）会审批。根据该等规定，现行规则并未明确规定拟上市公司股权激励计划的审批程序，但是公司股权激励计划可能涉及增资、公司章程修改等情形，需要经过股东（大）会审批。因此，公司股权激励计划相关事宜提交股东（大）会审批是有必要的。

从案例层面看，根据雪龙集团（603949）、紫晶存储（688086）、成都彩虹电器（集团）股份有限公司、江苏协和电子股份有限公司等上市公司或拟上市公司招股说明书披露，该等公司章程均规定，股东大会是公司的权力机构负责审议批准股权激励计划，其中部分公司还将审议股权激励计划或员工持股计划规定为股东大会的特别决议事项。

需要特别说明的是，若公司股权激励计划涉及增资、股权转让、股权回购等相关事宜，未经过公司股东（大）会或经授权的董事会审批程序，相关股权激励计划的效力可能存在瑕疵。在"薛佳伟与南京扬贺扬微电子科技有限公司股权转让纠纷案"（〔2018〕苏0111民初9265号）中，法院认为：公司以认购确认书形式同意员工认购公司10万股，认购方式为在员工个人每月工资中扣款，形式上属于公司股东以外的人因属于公司职工对公司进行增资，本质上属于公司内部对公司员工股权激励性质。根据公司法规定，对公司增加或减少注册资本，应当是公司权力机构股东会职权并形成有效决议。本案中，公司与员工存在股权激励的合意，但未按公司法规定的批准程序，即未经公司股东会决议或未经授权的董事会决议，员工股权激励合意未生效，涉案员工不是公司的合法股东，因此不予支持员工的主张。

根据上述规定与案例，可以理解，拟上市公司实施股权激励计划有必要经过公司股东（大）会或经授权的董事会审批。

需要特别说明的是，本问主要涉及非国有企业的拟上市公司情形，国有拟上市公司股权激励计划审批问题，具体详见本书"第四十五问"与"第四十六问"所述。

（二）激励对象的退出

第二十八问：哪些情形下，应让激励对象退出股权激励计划

考虑到股权激励计划的对价性、激励股权的稀缺性、非上市公司股权的低流通性，股权激励计划中设置完善的股权激励退出机制是十分必要的，有利于消除公司与激励对象的后顾之忧，保护公司和激励对象利益，最大限度地减少纠纷。

一般而言，激励对象退出股权激励计划的情形可分为"过错退出"和"非过错退出"，涉及激励对象退出机制时，应充分考核具体退出情形，并进行细化规定。

1.过错退出

过错退出，是指因激励对象自身过错，导致其被企业强制要求退出激励计划。其包括但不限于：（1）激励对象在服务期（锁定期）内单方面解除劳动合同，或不同意公司维持或提高劳动合同约定条件续签劳动合同；（2）激励对象被开除而与公司解除劳动合同的；（3）激励对象因犯罪行为被依法追究刑事责任；（4）激励对象违反法律法规、公司章程或公司内部管理规章制度的规定，或发生劳动合同约定的失职、渎职行为，严重损害公司利益或声誉，或给公司造成直接或间接经济损失，或给公司经营或资本市场运作带来重大不利影响；（5）激励对象在任职期间，存在受贿、索贿、贪污、盗窃、泄露经营和技术秘密等行为，或者存在其他违反诚实信用、职业道德的行为；（6）激励对象未经公司事先书面同意，从事或通过其关联人士从事与公司相竞争的业务，或在与从事与公司相竞争业务的公司任职或领薪；（7）激励对象违反与公司签订的任何协议（包括但不限于劳动合同、授予协议、竞业禁止协议等）。

2.非过错退出

非过错退出，是指非因激励对象过错，但发生其他特殊情况而需要退出激励计划。其包括但不限于：（1）激励对象在服务期限（锁定期）届满后离职；（2）激励对象与公司协商一致解除劳动合同；（3）公司未完成经营业绩指标或激励对象工作表现未达到预期目标；（4）激励对象退休、死亡或丧失劳动能力；（5）公司发生重大变化，不适合继续实施股权激励计划。

需要特别说明的是，上述情形为根据实践经验列举的激励对象退出情形，公司可以根据自身情况，有选择地规定激励对象退出情形。例如，海尔智家（600690）在公司上市前实施股权激励计划，其规定的激励对象退出激励计划情形包括：激励对象发生离职、退休、丧失劳动能力以及死亡；激励对象发生职务变更，且不再是董事会认可的核心技术人员；激励对象因不能胜任工作岗位、触犯法律、违反职业道德、泄露公司机密、失信或渎职等行为严重损害公司利益或声誉而被公司解聘；激励对象出现严重违反法律法规的情形；激励对象违反其与公司签订的任何协议（包括但不限于劳动合同、授予协议、顾问协议或咨询协议）；激励对象以任何作为或不作为的方式损害公司权益；激励对象以任何作为或不作为的方式损害股东的合法及正当权益（包括但不限于在任何股东的投资、退出、公司重组等过程中未给予积极配合和协助）；激励对象全部或部分行权会对公司的上市计划造成重大不利影响；发生股权激励方案中规定的其他不得行权或取消/收回期权的情形；董事会经审议后认定的其他情形。

第二十九问：拟上市公司可以采取哪些方式将激励对象请出股权激励计划

一般来说，激励对象持有激励股权的方式，包括直接持有和间接持有。间接持有方式，即为激励对象通过员工持股平台间接持有激励股权。不管激励对象采用何种持股方式，激励对象如何退出股权激励计划，都是股权激励计划筹划阶段需要重点考量的问题。一般情形下，若激励对象直接持有激励股权的，则将激励对象请出股权激励计划的主要方式为促使激励对象转让激励股权；若激励对象通过公司型员工持股平台间接持有激励股权的，则将激励对象请出股权激励计划主要方式为促使激励对象转让员工持股平台股权；若激励对象通过合伙型员工持股平台间接持有激励股权的，则将激励对象请出股权激励计划主要方式包括促使激励对象转让员工持股平台合伙份额、强制激励对象退伙、要求激励对象当然退伙等方式。

激励对象直接持有激励股权、激励对象通过公司型员工持股平台间接持有激励股权的，一般情况下，激励对象触发退出情形的，拟上市公司主要通过和激励对象达成协议，促使其转让激励股权或员工持股平台股权，使之退出股权激励计划。这是因为公司法等相关法律法规并未规定股东强制性退出公司的机制，激励对象的退出需要通过协商进行。为保障激励对象退出的顺利实施，公司在实施相关股权激励计划时，即应在相关协议文件中与激励对象明确约定相关激励股权退出安排。例如激励对象发生退出情形时，公司可以一定价格回购激励对象持有的激励股权，或者公司指定相关主体收购激励对象持有的激励股权。

需要说明的是，即便有前述约定或安排，实际上公司在办理激励对象退出相关事宜时，仍可能需要激励对象的配合。例如，公司需要激励对象签订相关股权转让协议，或者公司在办理相关工商变更登记程序时，需要相关激励对象的签字或确认。为应对前述问题，公司或公司指定的收购主体可以预先与激励对象签订相关附条件生效的股权转让协议，并在激励对象触发退出情形时与其保持密切沟通。

激励对象通过合伙型员工持股平台间接持有激励股权的，一般情况下，拟上市公司除了可以通过和激励对象达成协议，促使其转让员工持股平台合伙份额外，还可以通过强制退伙机制、当然退伙机制，促使激励对象从员工持股平台退伙，使之退出股权激励计划。这是因为合伙企业法第四十八条、第四十九条规定当然退伙、强制退伙的合伙人退出机制，为公司办理相关激励对象退出提供更为主动的退出途径，提高公司管理相关员工持股平台或激励对象的主动性，是拟上市公司设立员工持股平台时偏爱合伙企业型的原因之一。关于激励对象通过合伙型员工持股平台间接持有激励股权情形下相关退出方式的论证，具体详见本书"第三十问"所述。

除上述情形之外，激励对象发生特殊情形需要退出股权激励计划的，例如激励对象死亡或者被宣告死亡的，根据公司法第七十五条、合伙企业法第五十条规定，公司可以在公司章程、员工持股平台的章程或合伙协议中对激励对象继承人的继承权也进行排除，从而实现激励对象的退出。相关论证，具体详见本书"第二十六问"所述。

第三十问：拟上市公司可以采取哪些方式将激励对象请出合伙企业型员工持股平台

激励对象的退出，是指激励对象退出公司股权激励计划，具体表现在激励对象通过向公司或相关方转出其直接或间接持有的激励股权等方式，不再继续持有激励股权。事实上，激励对象的退出是筹划股权激励计划时应当重点关注的事项，尤其是激励对象的退出方式、退出途径等。由于合伙企业型员工持股平台存在关于当然退伙、除名退伙等退出途径，恰恰是公司型员工持股平台所没有的，合伙企业型员工持股平台方案可以为公司管理相关激励对象提供更高的主动性，是拟上市公司设立员工持股平台时偏爱合伙企业型的原因之一。

激励对象退出合伙企业型员工持股平台的常见方式包括当然退伙、除名退伙、份额转让三种。

当然退伙，是基于合伙人主观意愿之外的客观事实而产生的退伙。合伙企业法第四十八条规定："合伙人有下列情形之一的，当然退伙：（一）作为合伙人的自然人死亡或者被依法宣告死亡；（二）个人丧失偿债能力；（三）作为合伙人的法人或者其他组织依法被吊销营业执照、责令关闭、撤销，或者被宣告破产；（四）法律规定或者合伙协议约定合伙人必须具有相关资格而丧失该资格；（五）合伙人在合伙企业中的全部财产份额被人民法院强制执行。"有关当然退伙的操作要点，具体详见本书"第三十一问"所述。

除名退伙，系当某一合伙人出现法定事由或者合伙协议约定的事由时，其他合伙人一致同意将该合伙人开除出合伙企业，而使其丧失合伙人资格。合伙企业法第四十九条规定："合伙人有下列情形之一的，经其他合伙人一致同意，可以决议将其除名：（一）未履行出资义务；（二）因故意或者重大过失给合伙企业造成损失；（三）执行合伙事务时有不正当行为；（四）发生合伙协议约定的事由。"有关除名退伙的操作要点，具体详见本书"第三十二问"

所述。

需要注意的是，除名退伙与当然退伙都属于法定退伙方式，但是在实际运用中，这两种退伙方式经常被混用。与当然退伙相比，除名退伙更加侧重于被退伙合伙人的主观过错。在除名退伙的情形下，合伙人意思自治的范畴较当然退伙更大，但除名退伙虽然可以排除某些合伙人，但是如上文所述仍需经过一定程序，相对来讲没有当然退伙的作用直接、起到自动退伙的效果。此外，合伙企业法等相关规定还赋予被除名的合伙人明确的救济权利。

份额转让，指合伙人通过将合伙企业中全部或部分份额转让来放弃或让渡合伙人资格，也是实践中最为普遍采用的退出持股平台的方式。该种方式也是实践中最为常见的退出方式。有关份额转让的操作要点，具体详见本书"第三十三问"所述。

合伙人将其持有的财产份额转让给他人的行为，虽然事实上构成退出合伙企业，但与合伙企业法中退伙的概念并不等同。退伙系依照合伙企业法的相关规定，按退伙时的合伙企业财产状况进行结算，扣除违约、债务清偿等后退还财产份额或分担亏损后，合伙人方可实现退出。若将合伙企业财产份额转让后，转让方已经无须再履行上述结算手续。因此，仅转让合伙份额时无须履行退伙所需的财产结算等程序。

此外，转让合伙企业财产份额虽然事实上导致合伙人身份的丧失，但结合合伙企业法第四十五条及第四十八条相关规定，其并未将合伙人转让财产份额视为法律规定意义上的退伙事由。司法实践中部分法院也注意到两者的不同，在适用法律上进行了严格区分。例如，在〔2017〕兵08民终655号钱君与石河子众邦股权投资管理合伙企业（有限合伙）退伙纠纷二审中，法院认为："按照补充条款

第三条'(2)如果激励对象有以上行为,必须将其持有的持股公司限制性股权按照离职最近一期公司经过审计的每股净资产价格转让给薛某1、薛某2、陶某或其指定主体'的规定,上诉人应将其持有的限制性股权进行转让,但并无上诉人退伙情形的出现。众邦企业主张确认上诉人退伙,应符合合伙企业法关于退伙的规定才能确认退伙,而不应适用合同法关于解除合同的规定,一审适用法律错误,本院予以纠正。"

第三十一问:如何通过"当然退伙"将相关激励对象请出合伙企业型员工持股平台

现行合伙企业法明确规定激励对象(即有限合伙人)当然退伙的情形,结合股权激励计划的实际情况,主要包括自然人死亡或者被依法宣告死亡、合伙人不再具有相关资格、合伙人丧失偿债能力等情形。通常来说,一旦激励对象达不到当时的预期,站在企业及其实际控制人的角度出发,往往希望其尽可能不"拖泥带水"地退出持股平台。从这一点来说,当然退伙的方式优于除名退伙和份额转让,因为该等方式无须拟退出的激励对象以及其他合伙企业合伙人表态,即强制使其退出合伙企业、不再享有财产份额。尤其体现在若激励对象拒绝或不予配合的情况下,如果合伙协议在事先就退伙办理程序、结算方式、结算价格等事宜有充分约定,执行事务合伙人可以尽快办理当然退伙情形所涉及的相关手续,降低激励对象退出带来的不良影响,尤其是对于拟上市公司而言,可以减少产生的纠纷或潜在纠纷可能会对上市造成的负面影响。

对于自然人当然退伙的三种法定情形,"自然人死亡或者被依法宣告死亡"情形相对比较明确,故不再赘述。但对于"不再具有相关资格"和"个人丧失偿债能力"的情形，实践中存在一定理解和适用标准上的模糊地带，在作为持股平台的合伙企业中，如何界定和利用好这两种情形颇值得探讨。

1. 认定激励对象不再具有相关资格

"具有相关资格"在法律法规层面并没有明确规定。合伙企业法释义中指出："如果合伙人资格依照法律规定或者合伙协议约定，是以合伙人具有相关资格为基础的，当合伙人丧失相关资格，该基础不复存在，合伙人同时丧失合伙人资格。"据此，合伙企业型员工持股平台可以在合伙协议中明确约定当然退伙的情形，以便解决激励对象退出时可能产生的僵局。

例如，"张椿诉姚海波其他合伙企业纠纷案"（〔2016〕沪0114民初5220号）中，法院支持合伙协议明确约定有限合伙人"因辞职或被辞退离开天佑铁道或下属公司的"，视为合伙人丧失合伙人资格，该有限合伙人当然退伙。因此，合伙型员工持股平台可以在合伙协议中约定"与公司存在劳动合同关系"或者"在公司担任某些职务"等条件作为"合伙人必须具有的相关资格"。一旦激励对象离职或者不再担任某些重要岗位，其将当然退出合伙企业。

值得注意的是，在合伙协议中约定"相关资格"时，应特别注意相关表述问题。例如，在"广州鑫而行股权投资合伙企业、兰世华退伙纠纷案"（〔2018〕粤01民终7204号）中，一审法院认为"涉案合伙协议的补充协议约定，有限合伙人在被投资公司或其子公司任职未满2年（自本协议签署之日起至批准离职日），有限合伙人应转让其持有的鑫而行企业的所有股份。该条约定涉及有限合伙人主动申请离职的情形，而本案中已有生效的法律文书认定兰世华与五舟公司之间的劳动关系属五舟公司违法解除，并非因兰世华自身原因申请离职,故并不适用该约定必须退伙的情形"。虽然二审法院撤销了一审判决,认为"虽未对合伙人被鑫而行企业投资公司或其子公司辞退的情形提供解决方案,但根据双方当事人的陈述及协议约定的内容分析,鑫而行企业系为对员工实施股权激励计划而设立的持股平台。在兰世华已经与五舟公司解除劳动关系的情况下,兰世华不再是鑫而行企业投资公司或其子公司的员工,不再是鑫而行企业实施员工股权激励计划的对象,应从鑫而行企业退伙"。但在实践中,为了避免类似歧义发生,应事先注意合伙协议中表述的严谨性。

2.认定激励对象丧失偿债能力

现行规定层面并没有对如何判断偿债能力作出明确规定,实践中也很难轻易认定合伙人丧失了偿债能力。例如,在"顾立枝与戴学栋、曹效润等退伙纠纷案"(〔2017〕苏09民终1054号)中,法院认为年龄与偿债能力并不等同,上诉人主张年事已高丧失偿债能力,所以要求退伙的请求无事实和法律依据。因此,判断合伙人是否丧失偿债能力时,需要通过多种因素进行综合分析,例如该合伙人的劳动能力、信用情况、收入来源、财产状况、其他债务情况、是否涉及诉讼仲裁、是否存在被执行或失信情况等,仅以年龄或收入等因素单独作为界定认为丧失偿债能力的,缺乏事实依据,在司法实践中通常难以获得认可。

合伙人若丧失其他偿债能力,最终结果可能是利用该合伙人在合伙企业中的财产份额清偿个人债务,同样会使合伙人丧失其在合伙企业中的财产份额,理论上有可能使得不确定的第三方获得合伙企业的份额,这种情况对于极为注重人合性的员工持股平台而言,几乎是不可以接受的。因此,在员工持股平台的合伙协议中,应当特别注意约定：（1）当普通合伙人出现此种情形时，如何选任新的普通合伙人并承接前任的一些对激励对象进行管理的特殊职权、维持持股平台的稳定；（2）由于丧失偿债能力并非有限合伙人的法定退伙情形，如何尽可能避免外部人员因债务清偿而直接成为合伙人。

第三十二问：如何通过"除名退伙"，将相关激励对象请出合伙企业制员工持股平台

现行合伙企业法明确规定除名退伙的相关情形，结合股权激励计划的实际情况，激励对象（即有限合伙人）存在"未履行出资义务""因故意或者重大过失给合伙企业造成损失"情形时，经其他合伙人一致同意，可以决议将其除名。

1.认定激励对象未履行出资义务

从广义上讲，未履行出资义务不仅包含完全未履行出资义务的情形，也包含仅履行部分出资义务的情形。对于仅履行部分出资义务的激励对象，能否进行除名，在实践中较为容易产生纠纷。

不管是从激励对象本身所负担的法定、约定义务来说，还是从未来审核部门在上市审核时的要求而言，其均应当完全履行向合伙企业出资的义务，否则理论上不应当享有合伙人资格。经检索相关司法判例，鉴于除名退伙对合伙人会产生重大影响，法院可能对未按期足额缴纳出资的合伙人能否直接除名显得较为谨慎。例如，在"天津市立创恒通科技发展有限公司与东升映像（天津）文化传播合伙企业、张加贝等合伙协议纠纷案"（〔2016〕津0116民初44号）中，法院认为各合伙人均未完全按照合伙协议约定进行出资，在除名决议作出前原告已实际出资70万元，并非未出资，且其出资已用于电影拍摄，而对合伙人的除名是一种身份上的解除，是在无

其他缓和解决方式时才能使用的一种方法，以原告未履行出资义务将其除名不符合合伙协议约定。

因此，若合伙人已经缴纳部分出资，在合伙协议没有明确规定的前提下，司法实践中通常不会将"未完全履行出资义务"作为其除名的法定事由，而是会要求其他合伙人按照合伙企业法第六十五条规定承担补足义务和违约责任，除名则会作为最后的救济手段。若合伙企业希望达到除名效果，其可以依据合伙企业法第四十九条第一款第四项规定，在合伙协议中提前设置如若不在约定期限内缴纳约定出资，即发生除名退伙事由的约定，并且在相关法律文件中的适当位置明确进行严格约定的合理商业逻辑（如对其他员工的公平性、未来上市审核时及时足额出资的重要性等），从而在员工拒绝退出持股平台但又存在未足额按期缴纳出资的情况时，赋予其他合伙人依照合伙协议约定的程序直接对其除名的权利。

2. 认定激励对象因故意或者重大过失给合伙企业造成损失

该情形的认定需要满足"故意或重大过失的行为"以及"给合伙企业造成损失"两个要件，但是现行规定对于故意、重大过失以及何为损失都没有明确定义。经检索相关司法判例，鉴于除名退伙是多数合伙人对少数合伙人在合伙中的身份和权利的剥夺，法院通常对除名决议实行严格审查。例如，"上海立泽商务咨询有限公司诉上海力宏投资中心（有限合伙）公司决议效力确认纠纷案"（〔2018〕沪01民终6077号）、"王道川等与任永利退伙纠纷案"（〔2016〕京03民终12750号）等案例中，法院均以无实质证据证实被退伙人存在故意或重大过失而造成合伙企业损失为由，没有支持除名退伙的主张。

因此，只有合伙人存在必然产生损失或者已经产生重大损失的故意或重大过失行为，同时举证方充分提供相应证据证明前述情况，该合伙人的行为才有可能被认定为构成法定除名事由。

结合到合伙企业型员工持股平台的实际情况，一方面，员工持股平台本身其实并无实质业务；另一方面，激励对象大多系有限合伙人，亦通常不参与合伙事务，即便员工在任职期间因故意或重大过失行为对拟上市公司造成损失的，但这种损失是否可以直接认定为是给"合伙企业造成损失"，亦值得探讨。因此，该等法定除名事由对作为激励对象的员工而言，适用的空间可能相对有限。加之员工若存在不当行为需要退伙的，因其存在身份特征，可以直接适用当然退伙的规定，较之除名退伙更为直接，程序相对更为简便。

需要特别注意的是，部分合伙型员工持股平台中的激励对象可能并非全部是拟上市公司的员工（如外部顾问），其身份或资格可能不会明确记载于合伙协议中，针对该等人员可能很难适用当然退伙的方式使其离开持股平台。因此，为防范此类激励对象的争议，可以考虑对其适用除名退伙的方式。如前所述，要充分论证"故意或重大过失的行为"以及"给合伙企业造成损失"，可能在实践中存在一定难度，应当结合该等主体的身份、获得激励份额的背景、其日常行为可能给合伙企业及其他合伙人带来的潜在风险因素，仔细推敲相关条款设计。

第三十三问：如何通过"份额转让"，将相关激励对象请出合伙企业制员工持股平台

份额转让是通过激励对象将合伙企业中全部或部分合伙份额对外转让，以放弃或让渡合伙人资格，也是实践中最为普遍采用的激励对象退出员工持股平台的方式。通过"份额转让"，将相关激励对象请出合伙企业型员工持股平台应当注意以下方面。

1.妥善进行条款设置

激励对象持有的合伙份额,一般由执行事务合伙人或其指定方进行回购,且不得擅自转让其他人。约定由执行事务合伙人指定方进行收购,系考虑若当时已经确定符合条件的受让对象,则可以将合伙份额直接转让给新的合伙人,从而更加便于实际操作。

针对不同的激励对象离开企业的形式,仅直接约定转让合伙份额可能并非最佳方案,一方面,转让合伙份额方案对于公司的资金统筹能力有一定考验;另一方面,根据激励对象的不同情形,也可能适用当然退伙和除名退伙的退出途径。

2.转让价格分类安排

对于正常原因的合伙份额转让,如工作调动、退休、因公受伤等,转让价格可以考虑在一定程度内给予补偿,保障员工的相应权益,如以原始出资加相关利息或每股净资产评估值为准进行计算。金时科技(002915)、英可瑞(300713)等上市公司在其员工持股平台管理办法或合伙协议中约定,正常离职或退伙的收购价格为该出资人的实缴出资额加上该实缴出资额,按照同期银行定期存款基准利率计算的利息之和减去出资人从合伙企业获得的累计分红之和。

对于非正常原因的合伙份额转让,如被辞退、同业竞争等,转让价格上可以考虑适当降低,以表现权利义务相统一原则,如以考虑按照净资产账面价值或原始出资孰低进行计算。例如,金时科技(002915)、一品红(300723)、英可瑞(300713)等上市公司,即在其员工持股平台的管理办法或合伙协议中约定,退伙合伙人转让财产份额价款按认购财产份额的原始成本或合伙企业净资产乘以其财产份额比例,扣除应缴纳的税收、费用两者孰低原则确定。

3. 把握转让价款支付进度

转让价款的支付进度可以与激励对象的竞业限制、保密义务等相关事项相挂钩，一方面可以敦促退出员工持股平台的激励对象积极配合公司、员工持股平台完成转让合伙份额相关事宜；另一方面可以监督激励对象在退出以后维护拟上市公司的利益、避免对拟上市公司造成重大损失的风险。

需要注意的是，若股权激励计划中对激励对象设置了竞业禁止安排，可能涉及触发劳动合同法中关于竞业禁止的相关规定。根据劳动合同法第二十三条的规定，用人单位与劳动者约定竞业限制条款的，应当向劳动者给予经济补偿。有的观点认为，若员工退出后企业收回相关合伙份额，意味着员工与企业之间有关股权的权利义务实质已经终止，应当向员工支付竞业限制相关补偿金；也有观点认为，若员工退出后在一定期间内仍持有相关合伙份额，由于员工仍然与企业之间存在有关股权的权利义务，若存在明确的约定将激励对象的竞业限制义务作为持有合伙份额的附随义务，原则上无须向其支付补偿金。

（三）个人所得税的税务筹划

第三十四问：直接持有激励股权的激励对象如何计征个人所得税

激励对象参与股权激励计划取得的收益，应当依法缴纳个人所得税。一般而言，激励对象在股权激励计划不同阶段可能获得的收益包括：授予或行权时以低于公允价值的价格取得激励股权、持有激励股权时取得的股息、红利、转让激励股权时产生的增值部分等。根据收益内容的不同，激励对象缴纳个人所得税时适用各异的纳税规定或政策，并对应不同的税率。经对股权激励计划中各阶段的个人所得税纳税规定、政策进行分析，对激励对象应缴纳个人所得税的收益内容及适用税率归纳如下表：

阶段	收益内容	适用税率
取得阶段（不适用递延纳税）	以低于市场公允价值的价格取得激励股权	3%~45%
持有阶段	股息、红利	20%
转让阶段	转让所得	20%

以下将根据股权激励计划的不同阶段，对个人所得税纳税规定、政策进行简要分析。

1.在激励股权取得阶段

激励对象以低于市场公允价格取得激励股权的，应在取得激励股权时，缴纳个人所得税。根据股权激励所得税通知规定，经向主管税务机关备案符合相关条件的，可实行递延纳税政策，即激励对象在取得股权激励时可暂不纳税，递延至转让该股权时纳税，具体详见本书"第三十八问"所述。若激励对象不适用递延纳税的，其纳税时间及适用税率具体如下。

纳税时间方面。纳税时间应为激励股权取得时间，不同激励方式下激励对象取得激励股权的时间存在区别，不设置期权的股权激励计划，在授予阶段激励对象即取得激励股权；设置期权的股权激励计划，在授予阶段激励对象并未实际取得激励股权，其于行权阶段方取得激励股权。根据个人所得税法规定，当个人在股权激励计划下取得现金或非现金所得（如股权）时，应产生个人所得税的纳税义务；在个人未实际取得现金或非现金所得，而仅取得未来可能获得现金或非现金所得的权利时，并不产生个人所得税的纳税义务。结合该规定，激励对象获授激励股权的，在获授时应缴纳个人所得税；

激励对象获授股权期权的，在行权时应缴纳个人所得税。

2.适用税率方面

激励对象以低于市场公允价格取得激励股权的，应在取得激励股权时，对实际支付款项低于公平市场价格的差额，根据个人所得税法第三条规定，按照"工资、薪金所得"项目，适用3%~45%的超额累进税率。

3.在激励股权持有阶段

激励对象在持有激励股权时，可能取得公司分配的股息、红利，该部分收益应缴纳个人所得税。根据个人所得税法第三条规定，股息、红利所得适用比例税率，税率为20%。

4.在激励股权转让阶段

激励对象转让激励股权时，相关转让价款高于取得成本，该差额部分的增值收益应缴纳个人所得税。根据个人所得税法第三条规定，财产转让所得适用比例税率，税率为20%。

需要特别说明的是，激励对象不同的持股形式也适用不同的纳税政策。本问主要对激励对象直接持股情形下的个人所得税计征问题进行分析，激励对象间接持股情形下个人所得税计征问题，具体详见本书"第三十五问"与"第三十六问"所述。此外，对于符合递延纳税条件的激励对象，在缴纳个人所得税时可以递延纳税，具体详见本书"第三十八问"所述。

第三十五问：公司型员工持股平台的激励对象如何计征个人所得税

激励对象通过公司型员工持股平台参与股权激励计划取得的收益，应当依法缴纳个人所得税。一般而言，激励对象在股权激励计划不同阶段可能获得的收益包括：授予或行权时以低于公允价值的价格间接取得激励股权、成为公司型员工持股平台股东时取得的股息红利、间接转让激励股权时产生的增值部分等。根据收益内容不同，激励对象缴纳个人所得税时适用各异的纳税规定或政策，并对应不同税率。经对股权激励计划中各阶段的个人所得税纳税规定、政策进行分析，对激励对象应缴纳个人所得税的收益内容及适用税率归纳如下：

阶段	收益内容	适用税率
取得阶段（不适用递延纳税）	以低于市场公允价值的价格间接取得激励股权	3%~45%
持有阶段	股息、红利	20%
转让阶段	转让员工持股平台股权所得收益	20%
	通过员工持股平台间接转让激励股权所得收益	存在双重征税，实际税率40%

如上表所示，有限公司型员工持股平台的激励对象，主要是在取得阶段、持有阶段和转让阶段涉及应缴纳个人所得税的情形。

取得阶段。激励对象以低于市场公允价格取得员工持股平台股权，从而间接取得激励股权的，应在取得激励股权时，缴纳个人所得税。根据个人所得税法第三条规定，激励对象应对实际支付款项低于公平市场价格的差额，按照"工资、薪金所得"项目，适用3%~45%的超额累进税率。

根据项目经验，关于激励对象通过持股平台间接持有公司股权的情形是否适用股权激励所得税通知规定，从而享受递延纳税政策的问题，实践中存在不同的认识，具体详见本书"第三十八问"所述。若激励对象通过员工持股平台间接持有激励股权情形不适用递延纳税的，其在间接取得激励股权时方涉及个人所得税缴纳情形。

持有阶段。激励对象间接持有激励股权时，取得收益须经过两个步骤：步骤一是拟上市公司向公司型员工持股平台分配股息、分红；步骤二是公司型员工持股平台向激励对象分配股息、分红。

以下分步骤分析纳税规定、政策。

步骤一，根据企业所得税法第四条规定，有限公司的企业所得税税率是25%，但是企业所得税法第二十六条、企业所得税法实施条例（国务院令〔2007〕第512号）第八十三条规定，符合条件的居民企业之间额股息、红利等权益性投资收益，以及在中国境内设立机构、场所的非居民企业从居民企业取得与该机构、场所有实际联系的股息、红利等权益性投资收益（不包括连续持有居民企业公开发行并上市流通的股票不足12个月取得的投资收益）属于免税收入。因此，有限公司型员工持股平台作为拟上市公司的股东，若符合上述要求，其从拟上市公司取得的投资收益（股息、分红）免征企业所得税。

步骤二，有限公司型员工持股平台向激励对象分配股息、分红时，根据个人所得税法第三条规定，股息、红利所得适用比例税率，税率为20%。

转让阶段。激励对象转让激励股权包括两种方式：其一是激励对象转让员工持股平台的股权；其二是激励对象通过员工持股平台转让拟上市公司的股权。以下分情况分析纳税规定、政策。

对于激励对象转让员工持股平台股权，根据股权转让个税办法

第四条规定，激励对象以股权转让收入减除股权原值和合理费用后的余额，按"财产转让所得"缴纳个人所得税，税率为20%。

对于激励对象间接转让拟上市公司的股权，需经过两个步骤：步骤一为员工持股平台对外转让拟上市公司的股权；步骤二为激励对象向员工持股平台或其他方转让员工持股平台的股权。步骤一，按照企业所得税法规定，员工持股平台转让激励股权所得收益属于"转让财产收入"，应一次性计入确认收入的年度计算缴纳企业所得税，税率为25%。步骤二，对于激励对象转让员工持股平台股权所得收益，根据股权转让个税办法第四条规定，按"财产转让所得"缴纳个人所得税，税率为20%。需要特别说明的是，该两步骤均涉及纳税情形，激励对象间接转让员工持股平台持有的激励股权存在双重征税情况，理论上实际纳税税率最高为40%。

第三十六问：合伙企业型员工持股平台的激励对象如何计征个人所得税

激励对象通过合伙企业型员工持股平台参与股权激励计划取得的收益，应当依法缴纳个人所得税。一般而言，激励对象在股权激励计划不同阶段，可能获得的收益包括：授予或行权时以低于公允价值的价格间接取得激励股权、成为合伙企业型员工持股平台合伙人时取得的分红、间接转让激励股权时产生的增值部分等。

根据收益内容不同，激励对象缴纳个人所得税时适用各异的纳税规定或政策，并对应不同的税率。对股权激励计划中各阶段的个人所得税纳税规定、政策进行分析，对激励对象应缴纳个人所得税的收益内容及适用税率归纳如下：

阶段	收益内容	适用税率
取得阶段 （不适用递延纳税）	以低于市场公允价值的价格间接取得激励股权	3%~45%
持有阶段	股息、红利	20%
转让阶段	转让员工持股平台合伙份额所得收益	无明确规定，实践中多为20%
	通过员工持股平台间接转让激励股权所得收益	无明确规定，各地方执行纳税政策不一，既有存在固定税率20%，也有五级超额累进税率5%~35%

如上表所示，合伙企业型员工持股平台的激励对象，主要是在取得阶段、持有阶段和转让阶段涉及应缴纳个人所得税的情形。

取得阶段。激励对象以低于市场公允价格取得员工持股平台合伙份额，从而间接取得激励股权的，应在取得激励股权时，缴纳个人所得税。根据个人所得税法第三条规定，激励对象应对实际支付款项低于公平市场价格的差额，按照"工资、薪金所得"项目，适用3%~45%的超额累进税率。

根据项目经验，关于激励对象通过持股平台间接持有激励股权的情形是否适用股权激励所得税通知的规定，从而享受递延纳税政策问题，实践中存在不同的认识，具体详见本书"第三十八问"所述。若激励对象通过员工持股平台间接持有激励股权情形不适用递延纳税政策的，其在间接取得激励股权时方即涉及个人所得税缴纳情形。

持有阶段。激励对象间接持有激励股权时，取得收益须经过两个步骤：步骤一是拟上市公司向合伙企业型员工持股平台分配股息、分红；步骤二是合伙企业型员工持股平台向激励对象分配利润。以下分步骤分析纳税规定、政策。

步骤一，根据《国家税务总局〈关于个人独资企业和合伙企业投资者征收个人所得税的规定〉执行口径的通知》（国税函〔2001〕84号），合伙企业对外投资分回的利息、股息、红利，该部分收入不并入合伙企业收入，而是根据"先分后税"原则，直接作为激励对象个人的利息、股息、红利所得。因此，步骤一中合伙企业型员工持股平台不涉及纳税情形。

步骤二，激励对象从合伙企业型员工持股平台获得股息、分红，根据个人所得税法第三条规定，适用"利息、股息、红利"税目，按照20%的税率计算缴纳个人所得税。

转让阶段。激励对象转让激励股权包括两种方式：其一是激励对象转让员工持股平台的合伙份额；其二是激励对象通过员工持股平台转让拟上市公司的股权。以下分情况分析纳税规定、政策。

对于激励对象转让员工持股平台合伙份额，现行个人所得税法等相关法律法规暂未对该情形下激励对象缴纳个人所得税事宜作出明确规定。根据项目经验，实践中对于激励对象转让合伙企业型员工持股平台合伙份额所得收益，按照"财产转让所得"征收个人所得税，即根据股权转让个税办法第四条规定，激励对象以股权转让收入减除股权原值和合理费用后的余额，按"财产转让所得"缴纳个人所得税，税率为20%。

对于激励对象间接转让拟上市公司的股权，现行个人所得税法等相关法律法规暂未对该情形下激励对象缴纳个人所得税事宜作出明确规定。根据项目经验，实践中对于激励对象转让合伙企业型员工持股平台合伙份额所得收益，部分地区存在在按照"个体工商户生产、经营所得"项目征缴个人所得税的情形,适用税率为5%~35%的超额累进税率;部分地区存在按照"财产转让所得"项目征缴个人所得税的情形,适用税率为20%。

第三十七问:公司型员工持股平台与合伙企业型员工持股平台,激励对象承担的税负成本上有什么差异

拟上市公司实施股权激励计划,选择设立公司型员工持股平台,抑或是合伙企业型员工持股平台,激励对象承担的税负成本是重要考虑因素之一。关于公司型员工持股平台中激励对象承担的税负成本,具体详见本书"第三十五问"所述;关于合伙企业型员工持股平台中激励对象承担的税负成本,具体详见本书"第三十六问"所述。根据对纳税规定、政策的分析,公司型与合伙企业型员工持股平台中激励对象的税负成本比较如下:

阶段	收益内容	有限公司制	有限合伙制
取得阶段（授予、行权）	以低于市场公允价值的价格间接取得激励股权	超额累进税率3%~45%	超额累进税率3%~45%
持有阶段	股息、红利	20%	20%
转让阶段	激励对象转让员工持股平台权益所得收益	20%	无明确规定,实践中多为20%
	激励对象通过员工持股平台间接转让激励股权所得收益	存在双重征税,实际税率40%	无明确规定,各地方执行纳税政策不一,既有存在固定税率20%,也有五级超额累进税率5%~35%

对于员工持股平台的激励对象，虽在股权激励中存在多个纳税阶段，但激励对象缴纳个人所得税多集中于转让激励股权阶段。因此，该阶段的纳税情况应当进行重点考虑。

如上表所述，在转让标的公司股权环节，公司型员工持股平台的激励对象可能需要双重征税，整体的税负高达40%，在实践中若转让激励股权的金额较大，采用公司型员工持股平台，其税负相对比较重。作为对比，采用合伙型员工持股平台，对于激励对象转让激励股权所得收益应当如何缴纳个人所得税问题，暂无明确规定，实践中各地执行纳税政策也不一致，既有按照"个体工商户生产、经营所得"项目适用5%～35%的超额累进税率，也有按照"利息、股息、红利所得"或"财产转让所得"项目适用20%的税率征税情形。因此，在转让激励股权阶段，比较公司型与合伙型员工持股平台中激励对象的税负情况，合伙型员工持股平台相对占优。

需要特别说明的是，由于有限公司缴纳企业所得税可以在年终时统一汇算清缴，理论上公司型员工持股平台可能产生成本、费用或损失，导致其转让激励股权产生的收益与支出相抵消，导致员工持股平台本身不需要缴纳企业所得税的情况，其中激励对象将不再面临双重征税情况，其实际承担的税率也达不到40%。然而，前述情况发生的可能性较小，一方面，员工持股平台实际并不开展业务，其产生大额的成本费用或损失并无合理的商业理由；另一方面，如果员工持股平台获得收益与其发生的支出相抵消，则员工持股平台不存在利润，难以通过利润分配、定向分红等方式将资金转给激励对象，员工持股平台以何种方式将相关资金转给激励对象，亦是需要攻克的难题，操作难度较大。

相比于公司型员工持股平台，合伙企业型员工持股平台不存在前述问题,也无需考虑前述问题,因此合伙型员工持股平台可能是更优的解决方案。

第三十八问:激励对象适用递延纳税需要满足什么条件

根据股权激励所得税通知规定,享受递延纳税政策的非上市公司股权激励须同时满足以下条件:

要求事项	具体内容
适用范围	属于境内居民企业的股权激励计划。
激励计划	股权激励计划经公司董事会、股东(大)会审议通过。未设股东(大)会的国有单位,经上级主管部门审核批准。股权激励计划应列明激励目的、对象、标的、有效期、各类价格的确定方法、激励对象获取权益的条件、程序等。
激励标的	激励标的应为境内居民企业的本公司股权。股权奖励的标的可以是技术成果投资入股到其他境内居民企业所取得的股权。激励标的股票(权)包括通过增发、大股东直接让渡以及法律法规允许的其他合理方式授予激励对象的股票(权)。
激励对象	激励对象应为公司董事会或股东(大)会决定的技术骨干和高级管理人员,激励对象人数累计不得超过本公司最近6个月在职职工平均人数的30%。
持有期限	股票(权)期权自授予日起应持有满3年,且自行权日起持有满1年;限制性股票自授予日起应持有满3年,且解禁后持有满1年;股权奖励自获得奖励之日起应持有满3年。上述时间条件须在股权激励计划中列明。
行权期限	股票(权)期权自授予日至行权日的时间不得超过10年。
行业限制	实施股权奖励的公司及其奖励股权标的公司所属行业均不属于《股权奖励税收优惠政策限制性行业目录》范围(见附件)。公司所属行业按公司上一纳税年度主营业务收入占比最高的行业确定。

经主管税务机关备案后，适用递延纳税政策的，激励对象在取得激励股权时并不需要立刻缴纳个人所得税，递延至激励股权转让时缴纳。对符合递延纳税条件所获得的激励股权，在转让时产生收益的，按照"财产转让所得"适用20%的税率计征个人所得税，相关收益内容及适用税率归纳如下：

阶段	收益内容	适用税率
取得阶段（适用递延纳税）	/	0%
持有阶段	股息、红利	20%
转让阶段	转让所得	20%

对于递延纳税适用条件的理解，实践中可能存在不同认识，具体情况如下：

其一，根据股权激励所得税通知规定，激励标的应为境内居民企业的本公司股权。从字面含义上理解，不应该包括激励对象通过员工持股平台间接持有的公司股权。然而，在实践中，部分地区已有员工持股平台成功获得备案的案例，激励对象并借此享受递延纳税政策。因此，实践中税务部门对于递延纳税政策中激励标的的范围可能存在不同理解。关于激励标的的理解，依赖于当地税务部门指导。具体案例情况如下：

二、股权激励计划实施中的实务问题

公司名称/代码	员工持股方式	处理方式
利元亨/预披露	通过持股平台间接持有	2017年12月，公司以增资方式实施股权激励，本次激励对象取得股份成本低于公允价值，激励对象需要缴纳个人所得税。按照《财政部国家税务总局关于完善股权激励和技术入股有关所得税政策的通知》，公司于2018年11月在惠州税务局完成"非上市公司股权激励个人所得税递延纳税"备案，约定相关激励股份在售出时缴纳相关税费。
卓易科技/预披露	员工受让实际控制人谢乾在中恒企管的股权，通过持股平台中恒企管间接持有公司股份	根据《财政部国家税务总局关于完善股权激励和技术入股有关所得税政策的通知》规定员工在取得股权激励的时候，无须纳税。员工在股权转让时，根据其转让所得进行纳税。 发行人主管税收机构国家税务总局宜兴市税务局第一税务分局出具有关发行人员工持股事宜的证明文件。
百奥泰/预披露	通过持股平台启奥兴、聚奥众和晟昱投资间接持有公司股份	截至本回复出具日，发行人就持股平台启奥兴、聚奥众和晟昱投资的历次股权激励涉及的个人所得税均已进行递延纳税备案，报告期内发行人股份支付相关处理符合税务相关规定。

其二，根据股权激励所得税通知规定，股票（权）期权的持有期限为自授予日起应持有满3年，且自行权日起持有满1年；限制性股票自授予日起应持有满3年，且解禁后持有满1年；股权奖励

自获得奖励之日起应持有满3年。持有期限认定中,关于授予日起满3年是否包含行权(解禁)日起满1年的问题,实践中存在不同理解:一是在计算自授予日起满3年时,可以包含行权后持有满1年的要求,理论上最短3年即可满足;二是在满足自授予日起持有满3年后,行权后需要再持有满1年,理论上最短需要4年才能满足。因此,对于该问题的理解,依赖于当地税务部门指导。

(四)股权激励计划与上市计划的衔接

第三十九问:拟上市公司实施股权激励计划,产生"股份支付"的原因及对公司上市计划的影响

拟上市公司在实施股权激励计划时,为了增强激励效果,可能会以低于市场公允价值的授予价格向激励对象授予激励股权,或为激励对象设置了较低的行权价格,促使激励对象取得激励股权。

股份支付产生的原因,可溯源于《企业会计准则第11号—股份支付》第二条规定,激励股权的公允价值与激励对象实际支付金额之间的差额,被认定为拟上市公司为了获取激励对象提供劳务或服务的对价,属于公司变相向激励对象支付一定金额奖励,因此该差额应作为股份支付费用计入公司管理费用。股份支付对于公司上市计划的影响,主要集中在股份支付费用会直接影响公司利润、股份支付会计处理问题可能会引起审核部门关注两个方面。

1.股份支付产生的原因

从规则层面看,根据《企业会计准则第11号—股份支付》第二条第一款规定,股份支付指企业为获取职工和其他方提供服务而授予权益工具或者承担以权益工具为基础确定的负债交易。根据该规

二、股权激励计划实施中的实务问题

定,公司允许激励对象以低于市场公允价值取得相关激励股权,可以被认定为公司为获取职工和其他方提供服务而进行的交易。激励股权的公允价值与激励对象实际支付金额之间的差额,属于公司变相向激励对象支付了一定金额奖励,可以被认定为公司就前述交易支付的对价。因此,该差额部分应当作为股份支付计入公司管理费用。

从案例层面看,根据检索的案例情况,部分上市公司在上市前实施股权激励计划的,也会披露股份支付成本产生的原因。具体案例如下表:

公司名称/ 代码	招股说明 披露时间	股份支付产生原因
广大特材/ 688186	20200204	睿硕合伙的增资价格为每股8元,而距本次增资最近一次的增资是2018年7月,包含外部投资者增资时的增资价格为每股11元。故睿硕合伙的增资行为实质上是广大特材公司对员工进行的股权激励。
公牛集团/ 603195	20200115	实际控制人向公司员工低价转让公司股权。
传音控股/ 688036	20190925	股份支付系因公司前身传音有限对核心骨干员工进行股权激励,向骨干员工转让传承创业、传音创业、传力创业合伙份额,对应传音有限股权转让价格低于权益工具公允价值的差额而形成。

根据上述规定及案例,拟上市公司实施股权激励计划产生股份支付的原因,通常是拟上市公司以低于市场公允价值的授予价格向激励对象授予激励股权,或为激励对象设置了较低的行权价格,促使激励对象取得激励股权,被认定通过股权激励计划的方式变相向职工支付了一定奖励,因此需要将激励股权的公允价值与激励对象实际支付金额之间的差额,作为股份支付计入公司管理费用。

2.股份支付对公司上市计划的影响

股份支付对于激励对象而言，是一种变相奖励，但对于拟上市企业而言，通常是一部分负担，不仅直接影响公司利润，而且股份支付问题还可能在IPO审核中引起审核部门的关注。

首先，股份支付可能会直接影响拟上市公司的利润。根据《企业会计准则第11号—股份支付》第五条及第六条相关规定，以权益结算的股份支付会计处理，其在减少当期损益的同时增加资本公积，对于净利润则会有较大影响。因此，对于利润比较薄弱的拟上市公司而言，相关会计处理可能严重影响企业利润，导致报告期内出现亏损而不符合相关IPO条件。

其次，股份支付问题还可能在IPO审核中引起审核部门的关注。根据项目经验，IPO审核部门主要关注的问题包括股份支付会计处理本身的合规性及合理性、股份支付相关会计处理涉及的税务合规问题。

关于股份支付会计处理本身的合规性及合理性问题，根据2019年上交所颁布的《首发业务若干问题解答（二）》，要求保荐机构及申报会计师应对首发企业报告期内发生的股份变动是否适用《企业会计准则第11号—股份支付》重点事项进行核查。因此，若股份支付涉及相关会计处理不被监管部门接受，可能会影响公司上市计划。

关于股份支付相关会计处理涉及的税务合规问题。根据《关于完善股权激励和技术入股有关所得税政策的通知》等相关规定，符合条件的非上市公司股权激励计划，经向主管税务机关备案，可实行递延纳税政策。在享受递延优惠政策的同时，股份支付税务处理的计税基础是否正确，亦是IPO审核中可能关注的问题。例如，百奥泰（688177）在IPO审核过程中，审核部门即关注到公司股份支付相关税务合规问题。

第四十问：激励对象取得激励股权的时间，是否会影响激励股权的锁定期期限

一般而言，激励对象取得激励股权的时间，并不必然会影响激励股权的锁定期期限。若激励对象在拟上市公司IPO申报前6个月内，通过增资新股或受让控股股东、实际控制人的老股方式获得激励股权的，则可能被认定为是"突击入股"情形，导致相关激励股权锁定期延长。激励对象取得激励股权的方式、时间与相关锁定期要求的对应关系，如下表所示：

取得激励股权时间	取得方式	转让方性质	锁定期
IPO申报前6个月内	转让老股	从控股股东、实际控制人之处受让	上市之后锁定36个月
		从其他股东之处受让	上市之后锁定12个月
	增资新股	/	完成增资扩股工商登记手续之日起锁定36个月
IPO申报前6个月外	转让老股	不再区分	上市之后锁定12个月
	增资新股	/	上市之后锁定12个月

"突击入股"对应的"锁定期"要求，主要散见于主板、中小板、创业板、科创板等板块的相关IPO审核规则或窗口指导意见中。各板块IPO审核规则或窗口指导意见，对于"突击入股"的监管要求也发生从"存异"到"求同"的演变。证监会发行监管部于2019年3月25日发布了首发业务若干问题解答，对"突击入股"的监管要求进行统一。具体规则及演变情况如下表：

上市板块	规定名称	相关规定
主板、中小板	《首发业务若干问题解答》（2020年6月）	问题4. 发行人申报前后新增股东的，应如何进行核查和信息披露？股份锁定如何安排？ 答：（1）申报前新增股东：股份锁定方面，申报前6个月内进行增资扩股的，新增股份的持有人应当承诺：新增股份自发行人完成增资扩股工商变更登记手续之日起锁定3年。在申报前6个月内从控股股东或实际控制人处受让的股份，应比照控股股东或实际控制人所持股份进行锁定。
创业板	《深圳证券交易所创业板股票首次公开发行上市审核问答》（2020年6月12日）	问题12. 发行人申报前后新增股东的，应当如何进行核查和信息披露？股份锁定如何安排？ 答：（1）申报前新增股东：股份锁定方面，申报前6个月内进行增资扩股的，新增股份的持有人应当承诺：新增股份自发行人完成增资扩股工商变更登记手续之日起锁定3年。在申报前6个月内从控股股东或实际控制人处受让的股份，应比照控股股东或实际控制人所持股份进行锁定。
	《创业板发行监管业务情况沟通会会议纪要》（2010年3月31日）	二、股份锁定要求： 1. 申报前6个月从控股股东或实际控制人处受让的，要锁36个月； 2. 申报前6个月增资的自工商变更登记之日起锁定三年。
	2010年第二期、第五期保代培训	关于股份锁定： （1）申请受理前6个月内从控股股东、实际控制人处取得的股份，比照控股股东，自上市之日起锁定3年；申请受理6个月之前转让的股份，履行规定的限售义务，自行约定；申请受理前6个月内从非控股股东处取得的部分，自上市之日起锁定1年；（2）申请受理前6个月内新增的股份，工商变更登记之日起锁定3年。

二、股权激励计划实施中的实务问题

(续表)

上市板块	规定名称	相关规定
科创板	《科创板审核问答（二）》（2019年3月24日）	2. 发行人申报前后新增股东的，应当如何进行核查和信息披露？股份锁定如何安排？ 答：（一）申报前新增股东：股份锁定方面，控股股东和实际控制人持有的股份上市后锁定3年；申报前6个月内进行增资扩股的，新增股份的持有人应当承诺：新增股份自发行人完成增资扩股工商变更登记手续之日起锁定3年。在申报前6个月内从控股股东或实际控制人处受让的股份，应比照控股股东或实际控制人所持股份进行锁定。

第四十一问：控股股东、实际控制人作为合伙型员工持股平台的普通合伙人，是否会影响激励股权的锁定期期限

一般而言，拟上市公司在筹划设立合伙型员工持股平台时，需要重点注意普通合伙人的选择，是因为员工持股平台普通合伙人的选择，将对相关激励股权的锁定期造成直接影响。若控股股东、实际控制人作为合伙型员工持股平台的普通合伙人，该员工持股平台将与控股股东、实际控制人构成一致行动人，则员工持股平台持有的激励股权锁定期，参照控股股东、实际控制人的锁定期要求执行，即锁定期为自上市之日起36个月。若合伙型员工持股平台的普通合伙人不是控股股东、实际控制人，且员工持股平台不是控股股东、实际控制人的一致行动人的，则相关激励股权的锁定期为上市之日起12个月。具体论证如下。

1.规则层面的论证

关于合伙型员工持股平台一致行动关系的认定，主要见于合伙企业法第六十七条规定,即有限合伙企业由普通合伙人执行合伙事务。若控股股东、实际控制人作为合伙型员工持股平台的普通合伙人,则控股股东、实际控制人可以对该员工持股平台形成控制关系,员工持股平台与控股股东、实际控制人构成一致行动关系。

关于锁定期的要求,主要见于公司法及相关上市规则中,即公司法第一百四十一条第一款规定:"发起人持有的本公司股份,自公司成立之日起一年内不得转让。公司公开发行股份前已发行的股份,自公司股票在证券交易所上市交易之日起一年内不得转让。"上交所上市规则第5.1.5条第一款规定:"发行人向本所申请其首次公开发行股票上市时,控股股东和实际控制人应当承诺:自发行人股票上市之日起36个月内,不转让或者委托他人管理其直接和间接持有的发行人首次公开发行股票前已发行股份,也不由发行人回购该部分股份。"

鉴于深交所上市规则、创业板上市规则、科创板上市规则有关控股股东、实际控制人在IPO前持有股份的锁定期规定相同,以下不再追溯,暂以上交所上市规则举例。

根据上述规定,员工持股平台持有的激励股权是适用12个月的锁定期,还是适用36个月的锁定期,主要是根据员工持股平台是否构成拟上市公司控股股东、实际控制人的关联方或一致行动人情形进行判断。若员工持股平台与拟上市公司控股股东、实际控制人构成一致行动关系的,则其持有的激励股权适用36个月的锁定期要求。

2.案例层面的论证

根据检索的案例情况,若合伙型员工持股平台的普通合伙人为拟上市公司的控股股东、实际控制人的,则员工持股平台需要在公司上市时承诺其持有的激励股权锁定36个月,具体案例情况如下表:

股票简称/代码	招股书公告时间	锁定安排	备注
交建股份/603815	2019/09/10	黄山市行远投资管理中心（有限合伙）、黄山市启建投资管理中心（有限合伙）、黄山市为众投资管理中心（有限合伙）承诺锁定36个月	该等员工持股平台的GP为控股股东。
科博达/603786	2019/09/03	嘉兴富捷投资合伙企业（有限合伙）、嘉兴赢日投资合伙企业（有限合伙）、嘉兴鼎韬投资合伙企业（有限合伙）承诺锁定36个月	该等员工持股平台的GP为公司实际控制人柯桂华先生、柯炳华先生二人之一。

根据上述规定及案例，控股股东、实际控制人作为合伙型员工持股平台的普通合伙人，会对相关激励股权的锁定期造成影响。因为控股股东、实际控制人作为普通合伙人，导致该员工持股平台将与控股股东、实际控制人构成一致行动人，则相关激励股权的锁定期参照控股股东、实际控制人的锁定期要求执行，即锁定期为自上市之日起36个月。

第四十二问：员工持股平台的激励对象是否需要遵守锁定期的要求

现行公司法第一百四十一条及相关上市规则，主要规定拟上市公司直接股东的锁定期要求，并未明确规定间接股东的锁定期要求，即在公司上市时，作为直接股东的员工持股平台需要遵守相关锁定期要求，但员工持股平台中的激励对象是否需要遵守锁定期要求，规则上暂不明确。根据IPO审核实践情况，拟上市公司申请IPO时，激励对象会主动做出遵守锁定期要求的承诺，即激励对象在员工持股平台持股锁定期内不会转让其间接持有的激励股权。因此，可以认为，员工持股平台的激励对象需要遵守锁定期的要求。

从规则层面看，关于锁定期的要求，主要见于公司法及相关上市规则中，即公司法第一百四十一条第一款规定："发起人持有的本公司股份，自公司成立之日起一年内不得转让。公司公开发行股份前已发行的股份，自公司股票在证券交易所上市交易之日起一年内不得转让。"上交所上市规则第5.1.5条第一款规定："发行人向本所申请其首次公开发行股票上市时，控股股东和实际控制人应当承诺：自发行人股票上市之日起36个月内，不转让或者委托他人管理其直接和间接持有的发行人首次公开发行股票前已发行股份，也不由发行人回购该部分股份。"鉴于深交所上市规则、创业板上市规则、科创板上市规则有关控股股东、实际控制人在IPO前持有股份的锁定期规定相同，以下不再赘述，暂以上交所上市规则举例。

根据上述规定，若员工持股平台被认定为控股股东、实际控制人的一致行动人的，其持有的激励股权的锁定期为公司上市后36个月，否则其持有的激励股权的锁定期为12个月。应该注意到，前述规定中并未明确通过员工持股平台间接持有激励股权的激励对象是否需要遵守相关锁定期要求，即其在激励股权锁定期内，是否可以对外转让员工持股平台的份额或股权从而转让其间接持有的激励股权。确认该问题，需要进一步检索相关实践案例进行判断。

从实践案例层面看，根据检索的案例情况，实践中并不乏员工持股平台的激励对象主动做出承诺，在激励股权锁定期内不会转让其直接或间接持有的激励股权案例，具体案例情况如下表：

证券简称/代码	公告日期	锁定承诺情况
中科海讯/300810	2019/11/19	梅山声学系公司的股权激励平台,通过梅山声学间接持有公司股份的股东张秋生、徐韬、周萍、冯继忠、涂英、王福珍、徐昶、黎敏、李乐乐,实创投资承诺自中科海讯的股票在证券交易所上市之日起12个月内,不转让或者委托他人管理本人/本企业直接或间接持有的公司公开发行股票前已发行的股份,也不由公司回购本人/本公司直接或间接持有的公司公开发行股票前已发行的股份。 前述做出承诺的人员包括技术人员、部门经理、保密管理员、已退休人员、证券事务代表、外部财务投资者等。
赛特新材/688398	2020/02/05	红斗篷投资为公司的员工持股平台。公司核心技术人员余锡友(控股子公司总经理)通过红斗篷间接持有公司0.07%的股份,其做出承诺:"自公司股票在上海证券交易所科创板上市之日起12个月内和本人离职后6个月内,本人不转让或委托他人管理本人直接或者间接持有的公司公开发行股票前已发行的股份,也不由公司回购该等股份。"
泽璟制药/688266	2020/01/20	宁波泽奥为公司员工持股平台。核心技术人员武力卿(医学副总裁)、张滨(生物研发高级总监)通过宁波泽奥持有公司股份,其做出承诺:"自公司股票上市交易之日起12个月内,不转让或者委托他人管理本人在本次发行及上市前直接或间接持有的公司股份,也不要求发行人回购该部分股份。"
华特气体/688628	2019/10/28	华弘投资为公司员工持股平台。公司核心技术人员裴友宏(公司总工程师、核心技术人员)通过华弘投资间接持有公司股份,其做出承诺:"本人自发行人股票上市之日起12个月内和离职后6个月内,不转让或者委托他人管理本人直接或间接持有的发行人首次公开发行股票前已发行的股份,也不提议由发行人回购该部分股份。"

根据上述规定及案例，虽然规则层面并未明确规定员工持股平台需要遵守相关锁定期安排，但是实践中相关激励对象需要做出遵守相关锁定期安排的承诺。

第四十三问：在公司上市后，激励对象如何在证券市场减持其持有的激励股权实现变现

激励对象在公司上市后减持激励股权的，具体减持方式需要根据其直接或间接的持股方式进行区分。对于激励对象直接持有激励股权的情形，在相关激励股权锁定期届满后，在不违反证监会、沪深交易所关于减持的相关规定以及公司关于股权激励计划相关约定的前提下，激励对象可以自行在二级市场上减持激励股权。

对于激励对象通过员工持股平台间接持有激励股权的情形，在相关激励股权锁定期届满后，在不违反证监会、沪深交易所关于减持的相关规定以及公司关于股权激励计划相关约定前提下，激励对象可以通过两个步骤减持激励股权，其一是员工持股平台在二级市场上减持激励股权；其二是员工持股平台通过定向分配、定向减资、退伙等合法途径将相关款项支付给激励对象。

根据项目经验，可以理解，激励对象在公司上市后减持激励股权时，在实际操作中应当重点关注以下问题。

激励对象减持激励股权时，应当注意相关减持规则的适用。根据证监会《上市公司股东、董监高减持股份的若干规定》（中国证券监督管理委员会公告〔2017〕9号）、《上海证券交易所上市公司股东及董事、监事、高级管理人员减持股份实施细则》（上证发〔2017〕24号）、《深圳证券交易所上市公司股东及董事、监事、高级管理人员减持股份实施细则》（深证上〔2017〕820号）等相关规定，由于激励对象直接或间接持有的激励股权，属于公司首次公开发行前发行的股份，同时激励对象亦可能属于在公司担任董事、监事、高级管理人员的员工，或者激励对象所在的员工持股平台可能属于持股5%以上的股东，因此激励对象减持激励股权时，应当遵照前述减持规则实施。例如，激励对象或员工持股平台应妥善履行减持过程的相关信息披露义务、减持激励股权时应遵守减持数量限制、减持激励股权时应符合相关股份锁定要求等。

激励对象通过员工持股平台减持激励股权的，应当妥善约定相关款项支付给激励对象的分配规则。鉴于激励对象直接持有的激励股权，可以直接在二级市场进行减持并取得相关款项，不涉及复杂的资金路径问题，在此不再专门赘述。

激励对象通过员工持股平台间接持有激励股权的，其减持股权应当经过两个步骤：其一是员工持股平台在二级市场上减持激励股权；其二是员工持股平台通过定向分配、定向减资、退伙等合法途径将相关款项支付给激励对象。其中，第二步骤中，员工持股平台通过何种途径将相关减持款项定向分配给激励对象，是值得注意的问题。因为无论是公司型或是合伙企业型的员工持股平台，均主要通过分红程序向激励对象支付相关款项，原则上员工持股平台应当按照出资比例向激励对象进行分红，虽然规则层面上并未排除其他分配方法，但需要提前有所约定。

根据公司法第三十四条规定，全体股东有约定的，可以不按照出资比例分取红利。根据合伙企业法第六十九条规定，有限合伙企业不得将全部利润分配给部分合伙人，但是合伙协议另有约定的除外。该等规定为员工持股平台向激励对象进行定向分配提供了规则依据，同时该等规定亦要求员工持股平台应存在关于不按照出资比例进行分红的约定。因此,公司在筹划股权激励计划时,即应当在员工持股平台的公司章程、合伙协议或激励对象协议中明确约定相关分红规则,为上市后的激励对象减持激励股权提供规则支持。

三、非上市国有企业实施股权激励应注意的重点问题

第四十四问：哪些非上市国有企业可以实施股权激励计划

相比于非国有企业，非上市国有企业实施股权激励计划会具有更严格的限制，其中包括实施股权激励计划的国有企业范围，是为了防止国有资产流失的应有之义。现行有关非上市国有企业股权激励计划的规定散见于财政部、科技部、国资委等部委颁布的激励暂行办法、员工持股试点意见等规定中，该等规定对于实施股权激励计划的非上市国有企业范围作出明确规定。根据激励暂行办法和员工持股试点意见规定，实施股权激励计划的非上市公司国有企业主要包括两种类型，其一是根据激励暂行办法规定的国有科技型企业；其二是根据员工持股试点意见规定符合要求的混改试点企业。

根据激励暂行办法第一条，财政部、科技部、国资委关于扩大国有科技型企业股权和分红激励暂行办法实施范围等有关事项的通知（财资〔2018〕54号）第一条，员工持股试点意见第二条规定，可以实施股权激励计划的非上市公司国有企业具体范围如下表。

企业类型	国有企业范围	依据规定
混改试点企业	试点企业应当满足以下条件： （一）主业处于充分竞争行业和领域的商业类企业。 （二）股权结构合理，非公有资本股东所持股份应达到一定比例，公司董事会中有非公有资本股东推荐的董事。 （三）公司治理结构健全，建立市场化的劳动人事分配制度和业绩考核评价体系，形成管理人员能上能下、员工能进能出、收入能增能减的市场化机制。 （四）营业收入和利润90%以上源于所在企业集团外部市场。 优先支持人才资本和技术要素贡献占比较高的转制科研院所、高新技术企业、科技服务型企业开展员工持股试点。 中央企业二级（含）以上企业以及各省、自治区、直辖市及计划单列市和新疆生产建设兵团所属一级企业原则上暂不开展员工持股试点。	《员工持股试点意见》
国有科技型企业	中国境内具有公司法人资格的国有及国有控股未上市科技企业（含全国中小企业股份转让系统挂牌的国有企业、国有控股上市公司所出资的各级未上市科技子企业），包括： （一）国家认定的高新技术企业。 （二）转制院所企业及所投资的科技企业。 （三）高等院校和科研院所投资的科技企业。 （四）纳入科技部"全国科技型中小企业信息库"的企业。 （五）国家和省级认定的科技服务机构。	《激励暂行办法》《关于扩大国有科技型企业股权和分红激励暂行办法实施范围等有关事项的通知》

三、非上市国有企业实施股权激励应注意的重点问题

第四十五问：国有科技型企业实施股权激励计划需要履行哪些审批程序

根据激励暂行办法规定，国有科技型企业制订股权激励方案阶段，应当通过职工代表大会或者其他形式充分听取职工的意见和建议，并将相关激励方案及听取职工意见情况，报履行出资人职责的国有资产监督职责部门、机构、企业批准。此外，国有科技型企业在实施股权激励计划时，可能会涉及增资新股、转让老股的国有资产交易情形，需要根据《企业国有资产交易监督管理办法》（国务院国有资产监督管理委员会、中华人民共和国财政部令第32号）规定，履行国有资产交易事项的审批程序。

1.方案制订阶段的审批程序

根据激励暂行办法第三十三条规定："企业内部决策机构拟订激励方案时，应当通过职工代表大会或者其他形式充分听取职工的意见和建议。"

根据激励暂行办法第三十四条规定："企业内部决策机构应当将激励方案及听取职工意见情况，先行报履行出资人职责或国有资产监管职责的部门、机构、企业（以下简称审核单位）批准。

"中央企业集团公司相关材料报履行出资人职责的部门或机构批准；中央企业集团公司所属子企业，相关材料报中央企业集团公司批准。履行出资人职责的国有资本投资、运营公司所属子企业，相关材料报国有资本投资、运营公司批准。"

"中央部门及事业单位所属企业，按国有资产管理权属，相关材料报中央主管部门或机构批准。"

"地方国有企业相关材料，按现行国有资产管理体制，报同级履行国有资产监管职责的部门或机构批准。"

根据上述规定，国有企业在拟订股权激励方案时，应当通过职工代表大会或者其他形式充分听取职工的意见和建议，并将相关激励方案及听取职工意见情况，报履行出资人职责的国有资产监督职责的部门、机构、企业批准。然而，履行出资人职责、国有资产监督职责的部门、机构、企业在审核相关股权激励方案时，具体由其内部哪个司局、部门或办公室进行决策，激励暂行办法并未明确规定。该审批权限不完全明确的情况，也对实践中的激励方案审批带来一定影响，例如履行出资人职责的企业在审核子公司股权激励方案时，其股东会、董事会、总经理等均可以做出决策并以企业名义对外发布，若该事项需要经过股东会（股东大会）审议，则需要再向上级出资人呈报批准，涉及的审批权限并不局限于履行出资人职责的企业本身。

需要说明的是，前述问题已经得到初步解决，国务院于2019年4月发布《改革国有资本授权经营体制方案的通知》（国发〔2019〕9号），其中第三条第（一）项第三目规定："选人用人和股权激励。授权国有资本投资、运营公司董事会负责经理层选聘、业绩考核和薪酬管理（不含中管企业），积极探索董事会通过差额方式选聘经理层成员，推行职业经理人制度，对市场化选聘的职业经理人实行市场化薪酬分配制度，完善中长期激励机制。授权国有资本投资、运营公司董事会审批子企业股权激励方案，支持所出资企业依法合规采用股票期权、股票增值权、限制性股票、分红权、员工持股以及其他方式开展股权激励，股权激励预期收益作为投资性收入，不与其薪酬总水平挂钩。"该规定系对激励暂行办法审批权限规定的进一步完善，也初步解决前文提及履行出资人职责的企业内部决策权限划分不明问题。根据激励暂行办法并结合改革国有资本授权经营体制方案的通知规定，若符合条件的国有企业实施股权激励计划，需要报履行出资人职责或国有资产监督职责的相关企业批准，则相应的审批主体应为其董事会。

2.股权激励计划实施过程中可能涉及的审批程序

国有科技型企业在实施股权激励计划过程中，向激励对象授予激励股权的，可能涉及向激励对象转让老股，或向激励对象增发新股等国有资产交易情形。根据《企业国有资产交易监督管理办法》第七条、第三十四条规定，若国有企业实施股权激励涉及"增发新股"或"老股转让"事项，可能涉及国有资产交易情况，股权激励的授予环节亦可能需要履行有关企业国有资产交易事项的审批程序。

根据激励暂行办法及改革国有资本授权经营体制方案的通知规定，出资人企业董事会在审核国有企业股权激励方案时，相关股权激励方案中亦包含激励股权来源、激励股权授予内容。换言之，出资人企业董事会亦在审批股权激励计划事项时，一并审核相关"增发"或"老股转让"事项。因此，激励暂行办法、改革国有资本授权经营体制方案的通知和《企业国有资产交易监督管理办法》的规定，存在规则竞合的情形。在出资人企业审核国有企业股权激励事项情景下，股权激励涉及的"增发"或"老股转让"事项，具体是由股权激励方案审批主体进行统一审批，或是由国有资产交易审批主体进行审批，抑或是由两个主体分别进行审批，该问题可能不甚明确，需要检索相关案例进一步判断。

根据检索的案例情况，在IPO审核中，审核部门可能会要求国有企业分别披露股权激励方案的审批程序、国有资产交易审批程序。例如，新余国科（300722）在IPO审核中，其被证券监管部门反馈到"2016年8月江西钢丝厂将部分股份转给新余科信、新余国晖作为股权激励,请说明该股权激励是否符合法律、法规及规范性文件的规定,将江西钢丝厂的股份协议转让给新余科信、新余国晖是否符合国有股转让的相关规定";新余国科分别对股权激励方案审批程序、国有资产交易审批程序进行披露,同时该两个审批程序均由其所在集团公司进行审批,集团公司在审批新余国科股权激励方案时也一并审批其国有资产交易事项。

综上,股权激励计划实施过程中涉及国有资产交易程序的,同样需要履行相关审批程序。在实践中,如果股权激励方案审批程序、国有资产交易审批程序是同一个审批主体负责审批的,相关审批主体可能在股权激励方案审批过程一并审批国有资产交易事项。

第四十六问:混改试点企业实施员工持股计划需要履行哪些审批程序

根据员工持股试点意见、混改操作指引等相关法律法规规定,混改试点企业实施股权激励计划的,试点企业应通过职工代表大会等形式充分听取本企业职工对员工持股方案的意见,并由董事会提交股东(大)会进行审议。同时,混改试点企业的国有股东在股东(大)会上做出表决前,同样需要进行相应的内部决策审批。

根据员工持股试点意见第五条第(四)项规定:"员工持股方案审批及备案。试点企业应通过职工代表大会等形式充分听取本企业职工对员工持股方案的意见,并由董事会提交股东(大)会进行审议。地方试点企业的员工持股方案经股东(大)会审议通过后,报履行出资人职责的机构备案,同时抄报省级人民政府国有资产监督管理机构;中央试点企业的员工持股方案经股东(大)会审议通过后,报履行出资人职责的机构备案。"该规定与混改操作指引规定的决策审批程序是一以贯之,即试点企业按照"三重一大"决策机制,履行企业内部决策程序。

需要特别说明的是,试点企业的员工持股方案需提交股东(大)会进行审议,由相关国有股东在股东(大)会上进行投票表决,相关国有股东同样可能涉及相应的内部决策审批程序,其是否需要进一步上报其承担出资人职责的主体进行决策审批,员工持股试点意见未作出明确规定,需要结合相关案例情况进一步判断。

根据检索的案例情况,试点企业的国有股东在审批试点企业员工持股方案时,会涉及其内部审批程序,甚至需要进一步上报其承担出资人职责的主体进行审批。例如,中国电研(688128)案例。

日期	审批程序
2016/08/08	中电院有限董事会作出决议,同意中电院有限开展员工持股试点;同意《中国电器院员工持股初步方案》。
2016/09/13	国机集团董事会作出决议,同意《关于中国电器院员工持股初步方案的议案》,并于同年9月18日向国务院国资委报送《国机集团关于中国电器科学研究院有限公司开展员工持股试点的请示》(国机资〔2016〕345号)。
2016/11/28	国务院国资委发出《关于中央企业所属10户子企业开展员工持股试点的通知》(国资发改革〔2016〕293号),同意国机集团所属子企业中电院有限开展员工持股试点。国务院国资委于通知中未对具体入股价格作出批复,仅要求国机集团对员工持股方案进行完善并履行内部决策程序,将员工持股方案报国务院国资委备案。
2017/05/17	国机集团作出《关于同意中国电器科学研究院有限公司混合所有制员工持股改革实施方案的批复》。

上述案例中,中国电研历史上实施员工持股计划时,进行了多

层次内部决策审批程序,并最终由国务院国资委进行审批。

时至今日,混改试点企业的国有股东进行内部审批程序已经有所简化。根据改革国有资本授权经营体制方案的通知第三条第(一)项第三目规定:"选人用人和股权激励。授权国有资本投资、运营公司董事会负责经理层选聘、业绩考核和薪酬管理(不含中管企业),积极探索董事会通过差额方式选聘经理层成员,推行职业经理人制度,对市场化选聘的职业经理人实行市场化薪酬分配制度,完善中长期激励机制。授权国有资本投资、运营公司董事会审批子企业股权激励方案,支持所出资企业依法合规采用股票期权、股票增值权、限制性股票、分红权、员工持股以及其他方式开展股权激励,股权激励预期收益作为投资性收入,不与其薪酬总水平挂钩。"根据规定,若混改试点企业的国有股东为国有资本投资、运营公司,则由其董事会负责审批混改试点企业的员工持股方案。

根据上述规定及案例,混改试点企业实施股权激励计划应履行的内部决策审批程序包括:试点企业应通过职工代表大会等形式充分听取本企业职工对员工持股方案的意见,并由董事会提交股东(大)会进行审议。同时,混改试点企业的国有股东在股东(大)会上做出表决前,同样需要进行相应的内部决策审批。

第四十七问:非上市国有企业实施股权激励计划,对于激励对象有什么特殊性要求

根据激励暂行办法、员工持股试点意见等相关规定,混改试点企业、国有科技型企业在实施股权激励计划时,对于激励对象的特殊性要求及比较情况如下表:

三、非上市国有企业实施股权激励应注意的重点问题

企业类型	依据规定	激励对象范围	限制成为激励对象的人员
混改试点企业	员工持股试点意见第三条	参与持股人员应为在关键岗位工作并对公司经营业绩和持续发展有直接或较大影响的科研人员、经营管理人员和业务骨干,且与本公司签订劳动合同。	党中央、国务院和地方党委、政府及其部门、机构任命的国有企业领导人员不得持股。
			外部董事、监事（含职工代表监事）不参与员工持股。
			直系亲属多人在同一企业时,只能一人持股。
国有科技型企业	激励暂行办法第七条	激励对象为与本企业签订劳动合同的重要技术人员和经营管理人员,具体包括： （一）关键职务科技成果的主要完成人,重大开发项目的负责人,对主导产品或者核心技术、工艺流程做出重大创新或者改进的主要技术人员。 （二）主持企业全面生产经营工作的高级管理人员,负责企业主要产品（服务）生产经营的中、高级经营管理人员。 （三）通过省、部级及以上人才计划引进的重要技术人才和经营管理人才。	企业不得面向全体员工实施股权或者分红激励。企业监事、独立董事不得参与企业股权或者分红激励。

除前述规定之外,对于激励对象的要求,亦散见于其他相关部门规章中,相关规定情况如下表：

相关规定	激励对象范围限制
《关于规范国有企业职工持股、投资的意见》（国资发改革〔2008〕139号）等	国有企业集团公司及其各级子企业改制，经国资监管机构或集团公司批准，职工可投资参与本企业改制，确有必要的，也可持有上一级改制企业股权，但不得直接或间接持有本企业所出资各级子企业、参股企业及本集团公司所出资其他企业股权。国有企业中已持有上述不得持有的企业股权的中层以上管理人员[国有企业的董事会成员、监事会成员、高级经营管理人员、党委（党组）领导班子成员以及企业职能部门正副职人员等]，自本意见印发后1年内应转让所持股份，或者辞去所任职务。在股权转让完成或辞去所任职务之前，不得向其持股企业增加投资。已持有上述不得持有的企业股权其他职工晋升为中层以上管理人员，须在晋升后6个月内转让所持股份。
《中共中央纪委、教育部、监察部关于加强高等学校反腐倡廉建设的意见》（教监〔2008〕15号）	除作为技术完成人，不得通过奖励性渠道持有高校企业的股份。
《关于规范电力系统职工投资发电企业的意见》（国资发改革〔2008〕28号）	地（市）级电网企业的领导班子成员和省级以上电网企业的电力调度人员、财务人员、中层以上管理人员，不得直接或间接持有本省（区、市）电网覆盖范围内发电企业的股权，已持有本省（区、市）电网覆盖范围内发电企业股权的，应自本意见印发之日起1年内全部予以清退或转让。

第四十八问：非上市国有企业实施股权激励计划，对于激励股权价格有什么特殊性要求

非上市国有企业实施股权激励计划，其激励股权价格可以区分为授予价格以及流转价格。根据激励暂行办法、员工持股试点意见

等相关规定，混改试点企业、国有科技型企业在实施股权激励计划时，对于激励股权价格的特殊性要求及比较情况如下表。

企业类型	依据规定	授予价格	流转价格
混改试点企业	《员工持股试点意见》第三条、第四条	在员工入股前，应按照有关规定对试点企业进行财务审计和资产评估。员工入股价格不得低于经核准或备案的每股净资产评估值。	（1）转让给持股平台、符合条件的员工或非公有资本股东的，转让价格由双方协商确定。（2）转让给国有股东的，转让价格不得高于上一年度经审计的每股净资产值。
国有科技型企业	《激励暂行办法》第十一条、第十三条、第十六条、第二十二条	（1）企业实施股权出售，应按不低于资产评估结果的价格。（2）企业用于股权奖励的激励额，单个获得股权奖励的激励对象，必须以不低于1∶1的比例购买企业股权，且获得的股权奖励按激励实施时的评估价值折算，累计不超过300万元。（3）小、微型企业采取股权期权方式实施激励，确定行权价格时，应当综合考虑科技成果成熟程度及其转化情况、企业未来至少5年的盈利能力、企业拟授予全部股权数量等因素，且不低于制订股权期权激励方案时经核准或者备案的每股评估价值。	（1）因本人提出离职或者个人原因被解聘、解除劳动合同，取得的股权应当在半年内全部退回企业，其个人出资部分由企业按上一年度审计后净资产计算退还本人。（2）因公调离本企业的，取得的股权应当在半年内全部退回企业，其个人出资部分由企业按照上一年度审计后净资产计算与实际出资成本孰高的原则返还本人。

如上表所示，混改试点企业实施员工持股计划、国有科技型企业实施股权激励计划时，对于激励股权价格的要求存在一定区别。

其一，混改试点企业实施员工持股计划时，其授予价格不得低于每股评估值。国有科技型企业实施股权激励计划时，其可能因为激励方式的不同，导致授予价格可以在评估价格基础上进行调整。

其二，混改试点企业实施员工持股计划时，相关激励股权流转价格因为受让方的不同而存在差异，若激励股权转让给非公有主体的，相关流转价格可以协商确定；若激励股权转让给国有股东的，相关流转价格按照上一年度经审计的每股净资产值计算。国有科技型企业实施股权激励计划时，相关流转价格以上一年度经审计的每股净资产值为基准进行确定。

第四十九问：非上市国有企业实施股权激励计划，对于激励股权授予数量有什么特殊性要求

根据激励暂行办法、员工持股试点意见等相关规定，混改试点企业、国有科技型企业在实施股权激励计划时，对于激励股权授予数量的特殊性要求及比较情况如下表。

企业类型	依据规定	总量要求	个体要求	国有股东控股要求
混改试点企业	《员工持股试点意见》第三条	员工持股总量原则上不高于公司总股本的30%。	单一员工持股比例，原则上不高于公司总股本的1%。	实施员工持股后，应保证国有股东控股地位，且其持股比例不得低于公司总股本的34%。

三、非上市国有企业实施股权激励应注意的重点问题

（续）

企业类型	依据规定	总量要求	个体要求	国有股东控股要求
国有科技型企业	《激励暂行办法》第十条	大型企业的股权激励总额不超过企业总股本的5%。中型企业的股权激励总额不超过企业总股本的10%。小、微型企业的股权激励总额不超过企业总股本的30%。	小、微型企业的单个激励对象获得的激励股权，不得超过企业总股本的3%。	企业不能因实施股权激励而改变国有控股地位。

如上表所示，混改试点企业实施员工持股计划、国有科技型企业实施股权激励计划时，对于激励股权授予数量的要求存在一定区别。

其一，激励份额授予数量总量限制上存在区别。混改试点企业实施员工持股计划时，员工持股总量原则上不高于公司总股本的30%。国有科技型企业实施股权激励计划时，则根据大型、中型和小、微型企业三种不同情况，对激励股权总量作出不同要求，即不得超过企业总股本的5%、10%、30%。

其二，单个激励对象授予数量限制上存在区别。混改试点企业实施员工持股计划时，单一员工持股比例原则上不高于公司总股本的1%。国有科技型企业实施股权激励计划时，仅对小、微型企业单一激励对象激励股权授予数量作出限制，即不得超过企业总股本的3%。

其三，保障国有股东控股地位要求不同。激励暂行办法要求国有科技型企业不得因实施股权激励计划改变国有股东控股地位。员工持股试点意见不仅要求混改试点企业不得因为实施员工持股计划而改变国有控股地位，还进一步规定国有股东持股比例不得低于公

司总股本的34%。

第五十问：非上市国有企业实施股权激励计划，对于激励股权的锁定期有什么特殊性要求？

根据激励暂行办法、员工持股试点意见等相关规定，混改试点企业、国有科技型企业在实施股权激励计划时，对于激励股权锁定期的特殊性要求及比较情况如下表。

企业类型	依据规定	锁定期要求	特殊情况
混改试点企业	《员工持股试点意见》第四条	实施员工持股，应设定不少于36个月的锁定期。在公司公开发行股份前已持股的员工，不得在公司首次公开发行时转让股份，应承诺自上市之日起不少于36个月的锁定期。	持股员工因辞职、调离、退休、死亡或被解雇等原因离开本公司的，应在12个月内将所持股份进行内部转让。
国有科技型企业	《激励暂行办法》第二十二条	自取得股权之日起，5年内不得转让、捐赠。	特殊情形按以下规定处理： （1）因本人提出离职或者个人原因被解聘、解除劳动合同，取得的股权应当在半年内全部退回企业，其个人出资部分由企业按上一年度审计后净资产计算退还本人。 （2）因公调离本企业的，取得的股权应当在半年内全部退回企业，其个人出资部分由企业按上一年度审计后净资产计算与实际出资成本孰高的原则返还本人。

除上述锁定期要求之外，激励股权锁定期还需要满足《公司法》第一百四十一条等相关规定要求，包括但不限于：若激励对象系国有非上市该企业改制为股份有限公司的发起人，则其持有的激励股权自股份公司成立之日起锁定一年。若激励对象在国有非上市企业IPO前取得激励股权的，则其持有的激励股权自该国有企业上市之日起锁定一年。若激励对象系国有非上市公司的董事、监事、高级管理人员，在其任职期间每年转让的激励股权不得超其所持有激励股权总数的25%且离职后半年内不得转让其所持有的激励股权。

需要特别说明的是，无论激励暂行办法或是员工持股试点意见，对于激励对象锁定期内的交易行为限制规定较为简单，激励暂行办法规定锁定期内不得转让、捐赠激励股权，员工持股试点意见规定锁定期不得转让激励股权，两者均未明确规定激励对象是否可以在锁定期内出质激励股权。

考虑到激励对象可以通过出质激励股权等方式变相转让激励股权，如果不对出质激励股权行为进行明确约束，则相关锁定期的规定难以得到严格执行。因此，相关国有非上市公司在设置激励股权锁定期安排时，亦应当考虑激励股权出质的情形，例如可在相关协议中明确约定，或要求激励对象做出承诺，其在锁定期内不得对激励股权进行出质。